Perdonando de Corazón

Perdonando de Corazón

POR

PADRE FRANCIS A. FRANKOVICH, CC

Companions of the Cross

Companions of the Cross
199 Bayswater Avenue
Ottawa, Ontario K1Y 2G5
****
1949 Cullen Boulevard
Houston, TX 77023

www.companionscross.org

Perdonando de Corazón
por Padre Francis A. Frankovich, CC

Diseñado por Jaroz.

Imprimátur:
Su Eminencia Daniel Cardenal DiNardo, D.D., S.T.L.
Arzobispo de Galveston-Houston

Contenido

Dedicatoria

Este libro está dedicado al Sagrado Corazón de Jesús, la Divina Misericordia, que tomó sobre sí el precio de nuestros pecados para librarnos de ellos y todas las formas del mal.

También dedico este libro al Corazón Inmaculado de María, la Madre Santísima de Jesús y madre nuestra, que sufrió en unión con Él con tanto amor a fin de interceder por nuestra liberación de toda forma de mal. ¡Gracias María!

Y, por último, dedico este libro a los que hemos sido heridos **por alguien**, o hemos herido a alguien, intencionalmente o no. Tal vez no hemos perdonado o sido perdonados. Ojalá podamos ver el por qué y cómo perdonar, nos permite sentirnos con una vida más plena y verdaderamente libres.

¡Perdonar es una acción de amor! ¡El perdón es Dios en acción dentro de nosotros!

Agradecimiento

Agradezco a Juan Alberto Echeverry, quien me impulsó y animó durante todo el proceso de la creación de este libro. También les doy muchas gracias a TODOS, quienes me ayudaron en el trabajo de edición final, revisando la gramática, el estilo, y la teología de este éste libro, de igual manera a todos aquellos que revisaron cambios y nuevas adiciones a la edición original.

Siempre viviré agradecido con todas y cada una de las personas que han compartido conmigo sus inquietudes, dudas, tribulaciones y ganas de seguir a Jesús. Por ustedes y para ustedes es este libro, el cual espero que ayude a muchos más a encontrar el camino del perdón, la reconciliación, la sanación, la liberación, y una vida nueva en Dios llena de paz y amor.

Perdonando de Corazón

PREFACIO

*"Entonces Pedro fue y pregunto a Jesús: 'Señor, ¿Cuántas veces deberé perdonar a mi hermano, si me hace algo malo? ¿Hasta siete?' Jesús le contestó: 'No te digo hasta siete veces, sino hasta setenta veces siete. Por esto, el reino de Dios es como un rey que quiso hacer cuentas con sus funcionarios. Estaba comenzando a hacerlas cuando le presentaron a uno que le debía muchos millones. Como aquel funcionario no tenía con que pagar, el rey ordenó que lo vendieran como esclavo, junto con su esposa, sus hijos y todo lo que tenía, para que quedara pagada la deuda. El funcionario se arrodilló delante del rey, y le rogó: 'Tenga usted paciencia conmigo y se lo pagaré todo.' Y el rey tuvo compasión de él; así que le perdonó la deuda y lo puso en libertad. Pero al salir, aquel funcionario se encontró con un compañero suyo que le debía una pequeña cantidad. Lo agarró del cuello y comenzó a ahogarlo, diciéndole: '¡Págame lo que me debes!' El compañero, arrodillándose delante de él le rogó: 'Ten paciencia conmigo y te lo pagaré todo.' Pero el otro no quiso, sino que lo hizo meter en la cárcel hasta que le pagara la deuda. Esto dolió mucho a los otros funcionarios, que fueron a contarle al rey todo lo sucedido. Entonces el rey lo mandó llamar, y le dijo: '¡Malvado!' Yo te perdoné toda aquella deuda porque me lo rogaste. Pues tú también debiste tener compasión de tu compañero, del mismo modo que yo tuve compasión de ti.' Y tanto se enojó el rey, que ordenó castigarlo hasta que pagara todo lo que debía.' Jesús añadió: 'Así hará también con ustedes mi Padre celestial, si cada uno de ustedes no **perdona de corazón** a su hermano.' Mateo 18:21-35*

Estoy convencido de que el perdonar de corazón es esencial para una total salud física y espiritual tanto de la persona ofendida como del ofensor. Es por esto que propongo en este libro que la respuesta, más profunda, liberadora, y que da más vida, para resolver todas y cada una de las dificultades de la vida, es el perdonar.

A pesar de que existen muchos libros y escritos sobre la importancia del perdón, es posible que aún no tengas una idea clara de qué es el perdón y cómo funciona. En este pequeño libro voy a compartir contigo qué es perdonar de corazón, y cómo hacerlo de una manera efectiva para que así puedas tener una vida plena, a través de perdonar y ser perdonado.

Consideremos algunas de las ocasiones en que tú, como yo también, hemos experimentado dolor, al punto de sentirnos agobiados por una situación difícil, la cual nos ha quitado la paz. Por ejemplo: ¿te has sentido tan enojado(a) que no has querido perdonar a la persona que te ha herido, o simplemente, no sabes, cómo hacerlo? ¿Has cometido algún mal que quisieras olvidar o borrar? ¿Has sido herido/a, traicionado/a o dañado/a por las acciones de otros? ¿Has sentido tristeza cuando crees que a veces Dios no te escucha, o peor aún, te has sentido herido/a cuando crees que Él ha permitido que te ocurra algo aparentemente malo, o ha hecho algo que parezca hacerte daño? ¿Has creído que es imposible perdonar o ser perdonado?

Si así lo has experimentado este libro es para ti. En este libro evaluaré tres tipos de lo que muchos llaman perdonar:

1) **Perdonar a Dios:** *Cuando d*espués que algo terrible te ha ocurrido, podrías pensar que a Dios no le importa, y quizás te han dicho que necesitas perdonarlo.

2) **Perdonarte a ti mismo:** Cuando estás tan molesto por lo que has hecho, que no sabes ni cómo reaccionar. Y aun hasta después de haber pedido perdón, sigues aferrado(a) a ese sentido de culpabilidad, a pesar de que otros te han dicho que debes perdonarte a ti mismo.

3) **Perdonar a otros:** En ocasiones tu frustración y enojo por lo que alguien te ha hecho parece ser tan grande, que piensas que no puedes o no quieres perdonar. Has escuchado que debes perdonar de corazón pero no sabes cómo hacerlo.

Este libro no pretende ser un libro sobre teología del perdón, sino más bien su intención es ayudarte a entender mejor el proceso de perdonar y cómo aplicarlo de una forma práctica con el fin de conseguir la libertad interior y paz: la vida abundante que Jesús Cristo te ofrece.

Como sacerdote católico tengo el privilegio de que la gente me confíe algunas de las situaciones más difíciles de sus vidas. Durante muchos años he escuchado las confesiones de personas que:

1) Creen que Dios está en su contra especialmente cuando ha permitido que algo o alguien los dañe.

2) Buscan ser perdonado por sus errores (faltas), pero están luchando para experimentar el perdón.

3) Sienten dolor y resentimiento en contra de otros que les han hecho daño o que han dejado en el olvido lo que hicieron en su contra.

A causa de situaciones como estas tres, me he motivado a escribir este libro, para compartir de lo que estoy convencido que el Señor desea para Sus hijos e hijas en estas situaciones a fin de obtener la vida que Él nos está ofreciendo.

Muchos se dicen que perdonar es uno de los pasos más difíciles de tomar. Sin embargo, al no perdonar obstaculiza el desarrollo: físico, social, espiritual y afectivo. Muchos están conscientes del daño que el rencor y el enojo pueden ocasionar, pero no de los beneficios que se pueden derivar del perdón. Sin embargo, muchas veces se cree que es difícil el lograr perdonar de corazón, para obtener la vida que Jesús nos ofrece.

Entre otras cosas, este libro proporciona un proceso de siete pasos para perdonar las ofensas de otras personas y otras situaciones hirientes. Esta es una manera de recobrar verdaderamente la paz y experimentar la libertad que permite llevar una vida más plena y más abundante.

Voy a utilizar un dialogo con personajes ficticios, Tom y Margarita. Ellos son una combinación de mucha gente en diversas situaciones y se refieren a todos los ámbitos de la vida. Mediante estos dos personajes y de sus situaciones, compartiré contigo algunos de los elementos importantes donde el perdón, cuando se entiende y se utiliza correctamente, te hará libre para experimentar más plenamente la vida.

Cuando hablamos de perdonar de corazón, siempre pensamos en términos de sentimientos y emociones. Los sentimientos y las emociones no son ni buenos ni malos por sí mismos. Ellos vienen de situaciones y/o pensamientos internos que producen alguna clase de respuestas que podrían ser algunas veces buenas y otras veces malas. Podemos pensar en estas reacciones internas como tentaciones, las cuales no son pecados, pero pueden resultar en una respuesta negativa (pecado), como en el caso de que un sentimiento de enojo se puede convertir en resentimiento, odio o ira cuando se mantiene dentro o es expresado incorrectamente. Una respuesta de vida, al mismo sentimiento o emoción de ira, sería el perdonar a esa persona o situación.

¿Cómo sabes cuándo necesitas perdonar?

Los sentimientos son generalmente indicadores útiles para dejarnos saber cuándo necesitamos perdonar. Los sentimientos de irritación, fastidio, frustración, decepción, enojo, entre otros, pueden ser destructivos y hasta pueden convertirse en resentimiento, rencor y en odio, especialmente cuando no ocurre el perdón. Si estos sentimientos se cargan en el interior, pueden conducir al desarrollo de daños psicosomáticos o incluso una enfermedad física grave. Cuando estos sentimientos se expresan con gritos, groserías, insultos, chisme, quejas, e incluso enojo, pueden convertirse en consecuencias dañinas para la otra persona y también para uno mismo, el ofendido.

A lo largo de este libro hablaré frecuentemente de la importancia de perdonar "la ofensa e incluso la irritación". Perdonar de corazón requiere que nosotros seamos conscientes de cuándo es necesario perdonar, sea por una ofensa o simplemente una irritación.

Muchas veces no queremos lidiar o enfrentarnos con las emociones que una ofensa nos ha causado, entonces tratamos de ignorar la ofensa en su totalidad. En otras ocasiones, ha pasado tanto tiempo que parece que hemos olvidado la ofensa. También hay momentos en los que la persona que nos ofendió ha cambiado, por lo que ya no se sienten las emociones negativas de la ofensa y, por tanto, no vemos la necesidad de perdonar, en todos estos casos, yo diría que todavía es muy necesario aplicar el proceso de siete pasos del perdón a fin de alcanzar la convicción de que la ofensa se ha entregado a Jesús y no permanece en nosotros.

Leí este comentario escrito abajo (pero no estoy seguro quien es el autor) que habla sobre la importancia del perdón en la familia, pero confirma una verdad que quiero comunicarte en este libro:

"No existe familia perfecta. No tenemos padres perfectos, no somos perfectos, no nos casamos con una persona perfecta ni tenemos hijos perfectos. Tenemos quejas de unos a otros. Nos decepcionamos los unos a los otros. Por lo tanto, no existe un matrimonio saludable ni familia saludable sin el ejercicio del perdón.

El perdón es vital para nuestra salud emocional y sobrevivencia espiritual. Sin perdón la familia se convierte en un escenario de conflictos y un bastión de agravios. Sin el perdón la familia sé enferma. El perdón es la esterilización del alma, la limpieza de la mente y la liberación del corazón. Quien no perdona no tiene paz del alma ni comunión con Dios. El dolor es un veneno que intoxica y mata. Guardar una herida del corazón es un gesto autodestructivo. Es autofagia (Literalmente, autofagia significa "comerse a sí mismo").

Quien no perdona enferma físicamente, emocionalmente y espiritualmente. Es por eso que la familia tiene que ser un lugar de vida y no de muerte; territorio de curación y no de enfermedad; etapa de perdón y no de culpa. El perdón trae alegría donde un dolor produjo tristeza; y curación, donde el dolor ha causado enfermedad."

(Encontrado el 12 de Agosto, 2015 en *Diario Contraste* en la sección: Mundo. Se le acredita al Papa Francisco pero no hay una documentación oficial para probar esto.)

Ahora voy a profundizar contigo una forma sencilla de practicar el perdonar de corazón. Debido a que la acción de perdonar es un mandato dado a nosotros por Jesús, ésta no puede suceder sin Su ayuda (Su gracia). Te invito a invocar la presencia del Espíritu Santo, para que te ilumine y te de la fortaleza para mirar las situaciones de tu vida, bajo una nueva luz, mientras lees este libro. Su presencia te asistirá en la comprensión de este proceso y te dará la fortaleza para alcanzar lo que pudiste haber pensado era imposible.

Mi oración es que este pequeño libro, a través de la acción del Espíritu Santo y la poderosa intercesión de María, sea de gran ayuda para que puedas entender más completamente lo que es el perdón y te capacite para practicar el perdonar de corazón.

Nota: Letras oscuras o subrayadas o con paréntesis dentro de una cita bíblica o una cita de otro autor son adiciones mías.

Capítulo 1
¿Perdonar a Dios?

Tom es un empresario exitoso. A los ojos del mundo parece tener todo lo que un hombre podría desear, pero bajo la fachada del éxito del mundo, vive una vida atada por la culpabilidad de sus acciones pasadas, cargando heridas de un pasado difícil. Él fue criado sin padre, sino solamente por una madre quien tuvo muchos problemas personales y financieros. Él encontró el camino de la calle desde temprano y comenzó a vivir una vida de egoísmo y engaño. Él era un joven gruñón (muy enojón) y creció siendo un hombre gruñón. Él hizo cosas que no soportaba recordar. Aprendió rápidamente a engañar y maltratar a todos los que le rodeaban causándoles mucho daño, incluyéndose a sí mismo; incluso, llegó a estar encarcelado por un corto tiempo. Allí, rodeado del pesar de otros con errores pasados, escuchó que Dios perdona; sin embargo, se le hizo difícil creer del todo en este perdón.

Los años han pasado y Tom ahora tiene un negocio exitoso, una bella familia, y muchas bendiciones. Sin embargo, aún carga con la culpabilidad de su pasado y no puede perdonarse a sí mismo, ni mucho menos ver cómo Dios podría amarlo y perdonarlo por completo. Recientemente ha comenzado a cuestionar dónde estuvo Dios cuando se sintió tan abandonado, cuando más necesitó de Él.

Margarita está casada con un hombre que es agresivo verbalmente y bastante exigente. Se dirige hacia ella con comentarios vulgares y la presiona a hacer más de lo que ella puede cumplir. Sus respuestas se han llenado de enojo desesperante y frustración. Ella le ha dejado saber que su comportamiento es injusto, que sus exigencias son poco realistas, y le ha pedido un cambio. Se llena de temor al pensar que él ha dejado de amarla y hasta sospecha que él esté involucrado en relaciones con otras mujeres. Margarita tiene dos niños pequeños, por lo cual la idea de dejarlo le espanta y va contra lo que ella esperaba de su vida. Quiere que sus hijos tengan una figura paterna, aunque él raramente está disponible y cuando lo está, es grosero y descortés. Ella también cree que económicamente no sobrevivirían sin él. Ella está consciente de que en el fondo sigue enamorada del hombre con quien se casó, aunque haya cambiado tanto. Ella ora diariamente por su matrimonio.

Le sugerí que acudieran a consejería matrimonial, pero ella me explicó que él jamás la acompañaría y que la había criticado por sugerirlo; además, sus finanzas son escasas. Ha llegado a la conclusión que lo único por hacer es continuar trabajando en su relación mientras espera que su esposo algún día cambie.

Al igual que estas dos personas ¿Te sientes agobiado(a) porque crees que nadie sería capaz de perdonar lo que has hecho? ¿Vives en una situación difícil con gente que te fastidia, oprime o maltrata? ¿Has perdido la paz y la tranquilidad por el enojo o el resentimiento que sientes por tu situación, al parecer irremediable? ¿En medio de situaciones así, te has sentido abandonado(a) por Dios?

Tanto Tom como Margarita, en sus situaciones particulares, llevan cargas pesadas y ambos piensan que Dios no los ayuda; se sienten abandonados. Tom le ha pedido a Dios que lo libere de sus sentimientos de culpabilidad pero éstos no se van, al contrario, parece que incrementan. De igual manera, Margarita se siente abandonada pensando que Dios ha permitido que tantas cosas malas ocurran en su vida, a pesar de tanto pedirle a Dios por la conversión de su marido.

Por lo tanto, antes de enfrentarnos con el perdonarnos a nosotros mismo y a los demás, veamos primero lo que muchos llaman la necesidad de perdonar a Dios. Preguntémonos: ¿Es esto lo que realmente necesito?

El diccionario dice que perdonar *es dejar de sentir un resentimiento contra el ofensor; desprenderse de una mala emoción que experimentamos; o cancelar la deuda.* Con esta idea del perdón, clarifiquemos que puede significar el perdonar a Dios.

Para hacer esto empecemos a ver 1) ¿Qué es realmente el mal? Luego 2) ¿De dónde viene el mal o la falta de Dios? Después 3) ¿Qué nos provee Dios cuando ocurre un mal? Y terminaremos con 4) ¿Qué desea Dios que hagamos cuando nos enojamos con Él a causa de algún mal – lo que algunos llaman "perdonar a Dios"?

1) ¿Qué es realmente el mal?

El siguiente es un hecho verídico que nos ayudará a comprender exactamente lo que significa perdonar a Dios. Este evento ocurrió en una sala de clase por un profesor ateo en un discurso con sus alumnos (Recibí este diálogo de un amigo por correo electrónico en inglés, aquí es la traducción en español.):

Un profesor de una prestigiosa universidad desafió a sus alumnos con esta pregunta: "¿Dios creó todo lo que existe?"

Un estudiante respondió con valentía, "Seguro que sí."

El profesor repitió, "¿Dios creó todo lo que existe?" El estudiante contestó con más certeza, "Si, señor profesor, Dios ciertamente creó todo." El profesor contestó, "Si Dios creó todo, entonces Dios creó el bien y el mal. Y puesto que el mal existe y de acuerdo con el principio de que nuestras obras definen quiénes somos, entonces podemos asumir que Dios es malo."

El estudiante se quedó quieto y no respondió a la definición hipotética del profesor. El profesor, muy contento consigo mismo, se hizo alarde con los estudiantes de que una vez más había comprobado que la fe religiosa es un mito.

Otro estudiante alzó la mano y exclamó: "¿Puedo hacerle una pregunta, profesor?" "Por supuesto que sí", contestó.

El estudiante se paró y preguntó: "¿Profesor, existe el frío?" "¿Qué clase de pregunta es esta? Claro que el frío existe, ¿nunca has sentido el frío?" Los otros estudiantes se burlaron de la pregunta del muchacho. Este joven respondió, "De hecho, Señor, el frío no existe. Según las leyes de la física, lo que nombramos frío es en realidad la ausencia del calor. Todo cuerpo u objeto son susceptibles al estudio cuando tienen o transmiten energía y el calor es lo que hace que un cuerpo a materia tenga o transmita energía. El cero absoluto (-460°F) es la ausencia total del calor y toda materia se vuelve inerte e incapaz de reaccionar a esa temperatura. El frío no existe. Hemos creado esta palabra para describir cómo nos sentimos si no tenemos calor."

Este estudiante continuó, "¿Profesor, existe la oscuridad?" El profesor respondió, "Por supuesto que existe." Este estudiante replicó, "Otra vez usted está equivocado, Señor. La oscuridad tampoco existe. La oscuridad es en realidad la ausencia de luz. Podemos estudiar la luz pero no la oscuridad. De hecho, podemos usar el prisma de Newton para romper la luz blanca en muchos colores y estudiar las varias longitudes de ondas de cada color. La oscuridad no puede ser medida. Un simple rayo de luz puede romper un mundo de oscuridad e iluminarlo. ¿Cómo podemos saber qué tan oscuro es un espacio? Lo que se mide es la cantidad de luz presente. ¿Es correcto, no? Oscuridad es un término utilizado por el hombre para describir lo que ocurre cuando no hay luz presente.

Finalmente este joven le preguntó al profesor, "¿Señor, existe el mal?" Ahora inseguro, el profesor respondió, "Por supuesto, como te dije anteriormente. Lo vemos todos los días. Está en los ejemplos diarios de la inhumanidad del hombre hacia el hombre. Existe en la multitud de crimen y la violencia en el mundo entero. Estas manifestaciones son nada más que el mal."

A esto el estudiante respondió, "El mal no existe, Señor, o no existe en sí mismo. El mal es simplemente la ausencia de Dios. Es como la oscuridad y el frío, una palabra que el hombre ha creado para describir la ausencia de Dios. Dios no creó el mal. El mal es el resultado de la ausencia del amor de Dios presente en el corazón del hombre. Es como el frío que viene cuando no hay calor, y la oscuridad que viene cuando no hay luz."

El profesor se sentó.

Lo que este estudiante, Albert Einstein (fue un físico alemán de origen judío, considerado como el científico más conocido y popular del siglo XX), está señalando es que el mal no existe pero es la falta de Dios que existe. A esto le llamamos el "mal". Por lo tanto, no es Dios actuando cuando el mal ocurre porque el mal es actualmente la ausencia de Dios (el bien). Dios es bueno y sólo puede hacer lo que es bueno. Dios es la bondad misma.

2) ¿De dónde viene el mal o la falta de Dios?

Sin embargo, cuando Dios nos creó, nos creó a Su imagen y a Su semejanza (Gen. 1:26) con una mente y voluntad libre. Aunque estemos afectados por el mal con su origen en el mundo (en el sentido que modela principios o valores que crean la ausencia de Dios), en la carne (nuestra condición debilitada debido al pecado original aun después de haber sido removido por el Bautismo), y **el diablo** (padre de las mentiras). Pero todavía tenemos la voluntad libre que nos da la capacidad de elegir entre el bien (Dios) o el mal (la falta de Dios). Cuando elegimos el mal, nos privarnos de vida. En Deuteronomio 30: 15-18 dice, *"Miren, hoy les doy a elegir entre la vida y el bien, por un lado, y la muerte y el mal, por el otro. Si obedecen lo que hoy les ordeno, y aman al Señor su Dios, y siguen sus caminos, y cumplen sus mandamientos, leyes y decretos, vivirán y tendrá muchos hijos, y el Señor su Dios los bendecirá en el país que van a ocupar. Pero si no hacen caso de todo esto, sino que se dejan arrastrar por otros dioses para rendirles culto y arrodillarse ante ellos, en este mismo momento les advierto que morirán sin falta, y que no estarán mucho tiempo en el país que van a conquistar después de haber cruzado el Jordán."*

El Señor nos recuerda que debido a nuestra libre voluntad, podemos elegir el bien o la falta del bien (el mal). Entonces tendríamos bendiciones u ocurrirían maldiciones. Esto nos indica que el Señor no nos quitará nuestra libre voluntad. Cuando Dios parece estar en nuestra contra, sería bueno detenernos y comprender que el desorden y la desarmonía no son de Dios sino del diablo usando uno de sus aliados el mundo y/o la carne. Él permite el mal, en el sentido de que nos da la libertad de elegir el bien o de rechazarlo.

Santiago 1:13-15 explica los orígenes del pecado que son frutos de nuestras decisiones frente a las tentaciones: *"Cuando alguno se sienta tentado a hacer lo malo, no piense que es tentado a hacer lo malo, no piense que es tentado por Dios, porque Dios ni siente la tentación de hacer lo malo, ni tienta a nadie para que lo haga. Al contrario, uno es tentado por sus propios malos deseos, que lo atraen y lo seducen. De estos malos deseos nace el pecado; y del pecado, cuando llega a su completo desarrollo, nace la muerte."*

3) ¿Qué nos provee Dios cuando ocurre un mal?

Ya que a Dios no le falta nada, Él sólo puede ser y hacer lo que es bueno. No puede directamente ocasionar una ausencia del bien. El mal es ocasionado por nosotros, los seres humanos y otros, cuando elegimos la ausencia de Dios. Dios nos permite tomar la decisión.

Sin embargo, Dios nos promete ser un Dios misericordioso como en Romanos 8:28, *"Sabemos que Dios dispone todas las cosas para el bien de quienes le aman, a los cuales él ha llamado de acuerdo con su propósito"*. Esto significa que cualquier mal que nos ocurra debido a nuestras propias decisiones y las de otros, Él puede convertirlo en bien cuando volvemos a invocar Su presencia en nuestras situaciones y las depositamos confiadamente en Él. Quiere que creamos en Su Palabra. *"El cielo y la tierra dejarán de existir, pero mis palabras no dejarán de cumplirse"*. (Mateo 24:35). Su Palabra y Sus promesas son constantes y firmes. Él nos envió a Su Hijo para regalarnos la gracia necesaria para tener victoria sobre nuestra condición debilitada por el mundo, la carne, y/o el diablo. Juan 3:16-17 nos recuerda de esta verdad: *"Pues Dios amó tanto al mundo, que dio a su Hijo único, para que todo aquel que cree en él no muera, sino que tenga vida eterna. Porque Dios no envió a su Hijo al mundo para condenar al mundo, sino para salvarlo"*. Jesús declara en medio de nuestra condición caída, otra suprema verdad del mal (falta de Dios). Él dice que necesitamos Su ayuda para sacar el bien del mal y el impacto del mal en nosotros cuando Él dice, *"El que permanece unido a mí, y yo unido a él, da mucho fruto; pues sin mí no pueden ustedes hacer nada"*. (Juan 15:5b)

Para ilustrar esta importancia de Dios cambiando el mal (falta de Dios) a bien voy a compartir una historia que recibí por correo electrónico. Esta historia trata de una conversación sobre Dios en una barbería: Un hombre fue a una barbería a cortarse el cabello y recortarse la barba, como es costumbre. En estos casos entabló una amena conversación con la persona que le atendía. Hablaban de tantas cosas y tocaron muchos temas; de pronto tocaron el tema de Dios, y el barbero dijo: Fíjese caballero que yo no creo que Dios existe, como usted dice. Pero, ¿por qué dice usted eso? preguntó el cliente. Pues es muy fácil, basta con salir a la calle para darse cuenta de que Dios no existe, o dígame, acaso si Dios existiera, habrían tantos enfermos, habría niños abandonados, si Dios existiera no habría sufrimiento ni tanto dolor para la humanidad, yo no puedo pensar que exista un Dios que permita todas estas cosas. El cliente se quedó pensando un momento, pero no quiso responder para evitar una discusión. El barbero terminó su trabajo y el cliente salió del negocio. Recién salía de la barbería cuando vio en la calle a un hombre con la barba y el cabello largo, pareciendo que hacía mucho tiempo que no se lo cortaba y se veía muy desarreglado. Entonces entro de nuevo a la barbería y le dijo al barbero: ¿Sabe una cosa? Los barberos no existen ¿Cómo que no existen? preguntó el barbero. Si aquí estoy yo y soy barbero. ¡No! dijo el cliente, no existen porque si existieran, no habría personas con el pelo y la barba tan larga como la de ese hombre que va por la calle." "¡Ah!, los barberos si existen, lo que pasa es que esas personas no vienen hacia mí." "¡Exacto! dijo el cliente." "Ése es el punto, Dios sí existe, lo que pasa es que las personas no van hacia Él y no le buscan, por eso hay tanta pobreza y miseria como usted bien dijo." Mantengamos en la mente que Dios envió a Su Único Hijo al mundo no para condenarlo sino para rescatarlo de las malas influencias. *"Cristo no cometió pecado alguno; pero por causa nuestra, Dios lo trató como al pecado mismo, para así, por medio de Cristo, librarnos de culpa".* (2 Cor. 5:21)

4) ¿Qué desea Dios que hagamos cuando nos enojamos con Él a causa de algún mal—Lo que algunos llaman "perdonar a Dios"?

Entonces, el perdonar a Dios significa que lleguemos a una verdadera comprensión de quién es Dios y todo lo que Él abarca y confiar en esto, sin importar como parezcan o vayan las cosas. Él desea que sepamos que está con nosotros para guiarnos por los males que hemos hecho o por aquellos que otros nos han hecho. Él es un Dios misericordioso. Él nos pide que lo busquemos y confiemos que Él tendrá misericordia. En otras palabras, Dios no nos promete que entendamos porque ocurre el mal, sino más bien Él si nos promete que nos acompañará en el dolor que ocasiona el mal, mientras Él lo transforma en algo bueno. 1 Juan 1:9, *"Si confesamos nuestros pecados, podemos confiar en que Dios hará lo que es justo: nos perdonará nuestros pecados y nos limpiará de toda maldad".* Purificación en este pasaje implica que Él transformará lo que nosotros hemos alterado por nuestros pecados.

Por consiguiente Dios, siendo solamente Bueno, nos promete transformar nuestras decisiones incorrectas a buenas cuando se las encargamos a Él. Por lo tanto, no necesitamos perdonar a Dios cuando sentimos enojo hacia Él por lo que se experimenta como el mal, pero lo que si necesitamos es arrepentirnos de nuestros pensamientos de que Él era la fuente del mal o que está permitiendo el mal, sin saber lo que estaba haciendo, para nuestro beneficio. También sería de gran ayuda renunciar a las mentiras tales como: Dios no está en control o no está trabajando para nosotros. Él quiere que confiemos en que Él transformará todo a bueno porque Él es bueno y solo puede hacer el bien. El deseo de Dios es que creamos esto y que rindamos este mal (la falta de Dios) que experimentamos. Un ejemplo claro de la necesidad de arrepentirse de la percepción impropia de Dios en medio de lo que se experimenta como el mal se encuentra en Jeremías 15:10, 17-21. Vemos una situación donde el profeta estuvo molesto con Dios porque percibía que Dios estaba creando todas sus aflicciones.

"¡Ay de mí, madre mía, que me diste a luz sólo para disputar y pelear con todo el mundo! A nadie he prestado dinero, ni me lo han prestado a mí, y sin embargo todos me maldicen. Yo he evitado juntarme con los que sólo piensan en divertirse; desde que tú te apoderaste de mí he llevado una vida solitaria, pues me llenaste de tu ira. ¿Por qué mi dolor nunca termina? ¿Por qué mi herida es incurable, rebelde a toda curación? Te has vuelto para mí como el agua engañosa de un espejismo... Entonces el Señor me respondió: 'Si regresas a mí, volveré a recibirte y podrás servirme. Si evitas el hablar por hablar y dices sólo cosas que valgan la pena, tú serás quien hable de mi parte. Son ellos quienes deben volverse a ti, y no tú quien debe volverse a ellos. Yo haré que seas para este pueblo como un muro de bronce, difícil de vencer. Te harán la guerra, pero no te vencerán, pues yo estoy contigo para salvarte y librarte. Yo, el Señor, doy mi palabra. Te libraré del poder de los malvados, ¡te salvaré del poder de los violentos!"

El Señor escuchó a Jeremías y vio la necesidad de corregirle porque no tenía un claro entendimiento de quien es Dios y lo que Él hace. Dios no puede hacer el mal porque eso significaría que Él, siendo Dios, está incompleto. Él está presente sólo para hacer el bien, aun cuando permite el mal. Dios no se compadeció con Jeremías sino que le pidió que se arrepintiera y mantuviera una imagen más clara de quién es Dios para poder trabajar a través de él. Él permitió a Jeremías tener malas experiencias para que Él pudiera continuar Su trabajo a través de él en una manera aun más poderosa.

Le expliqué a Tom y a Margarita que debían acercarse a Dios y arrepentirse de la manera en la cual le percibieron, aunque no haya sido conscientemente. Ellos se habían comportado como si Dios fuera la causa de todos los males en su vida. Dios sólo permite, pero nunca causa el mal. Él sólo permitió esto para crear un mayor bien para ellos. También necesitaban renunciar en el nombre de Jesucristo a las mentiras acerca de quien Él es y lo que Él estaba haciendo en permitir estas malas experiencias ocurrir en su vida, además, pidamos al Espíritu Santo que los ayudará a sanar de la irritación que cargaban contra el Señor. De tal manera, le permitirían a Dios ayudarles en cada una de sus otras situaciones. Si ellos continuaran pensando que Dios está en su contra y ausente para ayudarles, ellos tendrían dificultad para poder perdonarse a sí mismos y/o perdonar a otros. Inclusive serían incapaces de recibir la mayor victoria sobre sus pecados, ofensas e irritaciones de otros, que es lo que Dios desea para ellos. Tom y Margarita accedieron tomar unos minutos para pedirle a Dios que les perdonara por las veces que tuvieron un entendimiento indebido de quién es Él, y de lo que hizo para que Él los sanara y los capacitara para recibir una victoria sobre sus pecados, y los pecados de otras personas.

He aquí la oración que rezamos:

Señor Jesús, que misericordioso y maravilloso eres. Tú eres el mismo amor. Ahora me doy cuenta que Te convertí en el chivo expiatorio por todo lo que hice mal y lo que otros me hacían, como si fueras Tú el culpable. Renuncio en el nombre de Jesucristo a esta mentira y pido Tu perdón. Tómame en Tus brazos y lávame; dame un nuevo espíritu de confianza en Ti, para entender que estás actuando para mi bien en todo lo que me ha ocurrido. Perdóname y sáname por la forma en la que yo respondí en contra Tuya. Gracias por Tu amor. Descanso en Tu gran misericordia. Amen. *(Pausa para recibir).*

Después les pedí que pasaran un tiempo en silencio, conscientes del gran amor de Dios por ellos y de Su plan de convertir todo lo que les había ocurrido en algo poderosamente bueno.

Mientras le daban gracias con la mirada fija en un crucifijo, ambos recibieron una gran paz que los trajo a una convicción profunda de lo maravilloso que es Dios, inclusive en los acontecimientos del mal (falta de Dios). Esta fue la mejor manera de manejar sus sentimientos de enojo hacia el Señor, el cual algunos podrían llamar "perdonar a Dios".

Capítulo 2

¿Perdonarse a sí mismo?

Tom es un hombre callado. Él ha asistido a nuestra parroquia por poco tiempo y tal vez hoy es su segunda visita conmigo. Él se detuvo en mi oficina y preguntó si podíamos platicar. Pude ver preocupación en su mirada; era claro que necesitaba asistencia con algo, así que le pedí que entrara.

Tom: Padre, soy católico por nacimiento pero debo reconocer que no he asistido a la Iglesia desde pequeño. La verdad es que no recuerdo mucho acerca de todo esto así que perdóneme si digo algunas cosas que parezcan indebidas. Sólo pensé que debía hablar con alguien, porque hay algunas cosas de las cuales no me siento bien.

Padre: Tom, estoy disponible para escuchar lo que sientes.

Tom: Pues, verá, tengo un pasado algo difícil y aunque ahora las cosas en mi vida parecen bien externamente, todavía siento el dolor de culpabilidad dentro de mí por las cosas malas que he hecho; aunque ya las haya confesado parece que no puedo desprenderme de ellas.

Padre: ¿Puedes decirme más acerca de este dolor, Tom?

Tom: Creo que siento temor de morir sin tener el perdón de mis pecados por las cosas horribles que he hecho. Reconozco que no puedo pagar el precio por lo que hecho. He intentado reparar lo que pude. En las prédicas que he escuchado, dicen que Dios perdona, pero simplemente no creo que Él pueda perdonarme. Pues, creo que no lo merezco y siento un dolor terrible por ello. ¿Qué puedo hacer? Después de su explicación y oración sobre perdonar a Dios veo claramente que Él no está en mi contra. Su oración me ayudó. Sin embargo, sigo creyendo que hay algo más que debo hacer para liberarme de esta culpa. ¿Puede ayudarme?

Padre: Tom, ¿has escuchado de Santa Faustina? Era una jovencita que eventualmente se hizo santa. Vivió su vida en sacrificio sirviendo a otros, en imitación de la vida de Cristo. Ella ofreció sus sufrimientos personales en unión con Cristo, en expiación por los pecados de los demás. Ella se convertiría en un instrumento de divina misericordia, trayendo gozo y paz a otros. Escribió a cerca de lo que el Señor le pidió para animar a otros a confiar en Él y Su Misericordia.

Comparto contigo una frase de su Diario No. 1485. Santa Faustina experimentó este dialogo entre un alma pecaminosa y Jesús:

"Jesús: *No tengas miedo, alma pecadora, de tu Salvador; Yo soy el primero en acercarme a ti, porque sé que por ti misma no eres capaz de ascender hacia Mí. No huyas, hija, de tu Padre; desea hablar a solas con tu Dios de la Misericordia que quiere decirte personalmente las palabras de perdón y colmarte de Sus gracias. Oh, cuánto Me es querida tu alma. Te he asentado en mis brazos. Y te has grabado como una profunda herida en Mi Corazón.*

Alma: *Señor, oigo Tu voz que me llama a abandonar el mal camino, pero no tengo ni valor ni fuerza.*

Jesús: *Yo soy tu fuerza, Yo te daré fuerza para luchar.*

Alma: *Señor, conozco Tu santidad y tengo miedo de Ti.*

Jesús: ¿Por qué tienes miedo, hija Mía, del Dios de la Misericordia? Mi santidad no Me impide ser misericordioso contigo. Mira, alma, por ti he instituido el trono de la misericordia en la tierra y este trono es el tabernáculo y de este trono de la misericordia deseo bajar a tu corazón. Mira, no Me he rodeado ni de séquito ni de guardias, tienes el acceso a Mí en cualquier momento, a cualquier hora del día deseo hablar contigo y deseo concederte gracias.

Alma: *Señor, temo que no me perdones un número tan grande de pecados; mi miseria me llena de temor.*

Jesús: *Mi misericordia es más grande que tu miseria y la del mundo entero. ¿Quién ha medido Mi bondad? Por ti bajé del cielo a la tierra, por ti dejé* *clavarme en la cruz, por ti permití que Mi Sagrado Corazón fuera abierto por una lanza, y abrí la Fuente de la Misericordia para ti. Ven y toma las gracias de esta fuente con el recipiente de la confianza. Jamás rechazaré un corazón arrepentido, tu miseria se ha hundido en el abismo de Mi misericordia. ¿Por qué habrías de disputar Conmigo sobre tu miseria? Hazme el favor, dame todas tus penas y toda tu miseria y Yo te colmaré de los tesoros de Mis gracias.*

Alma: *Con tu bondad has vencido, oh Señor, mi corazón de piedra; heme aquí acercándome con confianza y humildad al tribunal de Tu misericordia, absuélveme Tú Mismo por la mano de Tu representante. Oh Señor, siento que la gracia y la paz han fluido a mi pobre alma. Siento que Tu misericordia, Señor, ha penetrado mi alma en su totalidad. Me has perdonado más de cuanto yo me atrevía esperar o más de cuanto era capaz de imaginar. Tu bondad ha superado todos mis deseos. Y ahora Te invito a mi corazón, llena de gratitud por tantas gracias. Había errado por el mal camino como el hijo pródigo, pero Tú no dejaste de ser mi Padre. Multiplica en mí Tu misericordia, porque ves lo débil que soy.*

Jesús: *Hija, no hables más de tu miseria, porque Yo ya no Me acuerdo de ella. Escucha, niña Mia, lo que deseo decirte: estréchate a Mis heridas y saca de la fuente de la vida todo lo que tu corazón pueda desear. Bebe copiosamente de la fuente de la vida y no pararás durante el viaje. Mira el resplandor de Mi misericordia y no temas a los enemigos de tu salvación. Glorifica Mi Misericordia.*

Padre: De este diálogo, Tom, puedes ver cuán deleitado está el Señor en perdonarte. Este perdón esta concedido especialmente a través del Sacramento de la Reconciliación como hemos escuchado a Jesús decir a Santa Faustina.

Cuando Jesús murió en la cruz, pagó el precio para liberarnos de dos pecados básicos que nos abruma: los míos y los de otros y la muerte, la consecuencia de los pecados. Estos dos son los catalíticos que el enemigo usa para aumentar el mal en nosotros y quitarnos vida. Jesucristo nos enseñó en la oración a nuestro Padre Celestial: *"perdona nuestros pecados, así como nosotros perdonamos a los que nos ofenden."* El perdonar a otros también requiere estar consciente del perdón del Señor por mis pecados.

Tom, en algunas ocasiones, al haberme arrepentido de mis pecados, yo también sigo sintiendo culpa por las cosas que hice en el pasado; sigue y sigue. En cambio, me doy cuenta que el Señor Jesús pagó el precio del pecado para que yo no continuara revolcándome en culpabilidad por mis pecados. Vino a liberarme cuando me arrepiento, con un corazón contrito, y usé su fuerza y sabiduría para enmendar mi vida.

Tom: ¿Qué puedo hacer cuando la culpa de lo que hecho no se aleja?

Padre: Recuerdo una ocasión donde fui tan descortés con alguien en la manera de hablarle y tratarle en el transcurso de una semana, que cada vez que lo recordaba sentía esa culpa. No pude creer que hubiese actuado de tal manera. Le pedí perdón al Señor con el corazón más contrito posible y con un deseo de enmendar mi vida, pero aún me sentía muy mal por haber hecho tal cosa.

Aquí están algunos pasos que sentí que el Señor quiso que tomara para superar esto. Le pedí perdón al Señor y fui a confesarme en el Sacramento de Reconciliación. Estuve consciente de que debía recibir Su perdón y ser firme en sostener la convicción que ya estaba perdonado y sanado. Pensé que el Señor estaba diciéndome, "¿Acaso no pagué el precio de tu pecado cuando morí en la cruz? ¿No fue esto suficiente para liberarte del pecado?" Luego sentí que Él quería que sostuviera un crucifijo en las manos y lo contemplara hasta que Él me trabajara profundamente y me convenciera de que ya yo estaba justificado y purificado. Mientras lo hacía, me percaté de 1 Juan 1:9, donde San Juan nos dice, *"Pero si confesamos nuestros pecados, podemos confiar en que Dios hará lo que es justo: nos perdonará nuestros pecados y nos limpiará de toda maldad"*. Jesús me recordó que no solamente se llevó mi pecado sino que también me limpió y estaba haciendo algo bueno de mi comportamiento malvado, el cual era tan repugnante para mí.

Mientras seguía contemplando el crucifijo, me imaginé con lodo, feo y maloliente, en mi mano. Luego, mientras clamaba al Señor que me liberara de esto, lo vi venir para llevarse el lodo y lavarme. Luego tomó el lodo, lo secó, lo perfumó, e hizo un vaso que pintó y barnizó. Luego volvió y me dio el vaso. Le pregunté lo que era, y me dijo que eran los pecados de los cuales me había arrepentido. Vi el vaso, lo olí, y dije, "No es posible que estos sean mis pecados." Él me dijo que esto es lo que sucede con mi pecado después de arrepentirme y Él se lo haya llevado y purificado.

Después me dio la imagen del hijo pródigo (Lucas 15) que regresó a casa y como el padre corrió hacia su hijo, lo besó, colocó un anillo en su dedo, sandalias en sus pies y una nueva túnica sobre él. Luego, gozoso por su retorno, llamó a sus sirvientes para que mataran al ternero gordo mientras ordenó un festejo por que su hijo había regresado. Entonces yo estaba convencido que Él me trataba como el hijo prodigo.

Mientras me sobrevino todo esto, al contemplar el crucifijo, me regocijé en lo que el Señor hacía en mí e incluso en la persona que yo ofendí, aunque yo no mereciera Su misericordia.

A través de esta experiencia estoy convencido que tuve la gracia de ver mi pecado, arrepentirme de él con un corazón contrito y con un propósito de enmendar mi vida, pero también aprendí que debo pasar tiempo recibiendo directamente del Señor Su perdón y el bien que Él hace a pesar del mal que yo haya hecho. Esto es lo que ahora entiendo de lo que muchos llaman "perdonarse a sí mismo".

Algunos pecados parecen no pesar tan gravemente como otros. Sin embargo, ahora veo la importancia de pedir perdón a Jesús mi Señor y Salvador en estas situaciones, y recibir de alguna forma concreta Su perdón y Su sabiduría para poder caminar de forma distinta especialmente a través de la gracia del Sacramento de Reconciliación. Con esto, finalmente pude aceptar que fui liberado y sanado por Su gran misericordia.

Sin esta convicción del perdón, he visto que es muy difícil estar dispuesto a querer perdonar a otros. Hablo sobre esto en profundidad en el tercer paso de perdonar a otros, cuando hablo a cerca de estar conscientes de la misericordia de Dios para poder mostrarle esa misericordia a los que nos han ofendido o simplemente a los que nos han irritado.

Tom: Por favor, Padre, ore conmigo ahora mismo para poder recibir el perdón de Dios por todo lo que he hecho y lo que ya he traído al Sacramento de la

Reconciliación. Necesito que el Espíritu Santo me libere de toda esta culpa.

Padre: Ora conmigo: **Señor Jesús, te damos gracias por la gran misericordia que tienes hacia el pecador. Merezco sólo castigo por todos mis pecados. Me arrepiento de haberte ofendido a Ti, a mí mismo, y a otros.** (Mientras pausamos aquí, visualiza, a Jesús en la cruz; mira todo su sufrimiento; escucha que Él te recuerda: he soportado todo este dolor, sufrimiento y rechazo para pagar por tus pecados para que seas libre de ellos). Ahora di: **Gracias, Señor Jesús por pagar por mis pecados para que yo pueda ser libre. En fe recibo todo tu perdón por todo lo que he hecho. Por favor, también perdona la manera en que me he aferrado a la culpabilidad aun después de haber confesado mis pecados con corazón contrito y con el plan y deseo de cambiar mi vida con Tu gracia.** (Toma un tiempo en silencio agradeciendo a Jesús por Su victoria sobre todos estos pecados. Luego, toma el tiempo para hacer algunos actos de penitencia como reparación por el pecado. Gózate en que ya eres libre, aunque lo sientas o no. Jesús es fiel y verdadero. Él vino a liberarte, no a condenarte. Mira al Padre Celestial abrazándote y alegre de que regreses a su amor. Deja que María te acoja bajo el manto de su protección para que puedas continuar caminando en esta nueva libertad y vida que Jesús te está concediendo).

Tom: Gracias Padre, siento una paz muy profunda. Más aún estoy convencido que Jesús ha quitado mis pecados y que está transformando mis males en algo bueno. Más que nunca, estoy consciente de lo misericordioso que es Dios.

Padre: Si es posible, haz las paces con alguna de las personas que hayas lastimado. Diles lo que hiciste mal y que lo lamentas, pídeles que te perdonen. Esto puede que te ayude también. Pídele al Señor que te permita la oportunidad para pedir perdón por lo que haz mencionado que hiciste impropiamente. Si no te perdonan, Dios ya te ha perdonado al arrepentirte. El perdón de Dios no depende de que la persona te perdone.

Capítulo 3
¿Perdonar a Otros?

Un brillante y soleado día Margarita me llamó. Ella quiso una cita para compartir la situación con su esposo. Después de escuchar atentamente su historia yo le dije:

Padre: Margarita, he escuchado que te sientes muy frustrada con esta situación y lo que has tratado de hacer hasta ahora no ha servido para nada. Te has enojado, le has gritado, has tratado de ignorarlo, y en algunas ocasiones hasta has actuado como si nada hubiera pasado. Has llegado incluso hacer lo opuesto usando un lenguaje amable en busca de una mejor interacción entre ustedes, sin embargo, parece que nada ha funcionado.

Margarita: Sí, Padre, así es. No sé qué hacer, no quiero tener este enojo y no puedo controlarme; he tratado de perdonarlo sin lograrlo. Ya no me siento enamorada de él porque él sigue haciendo las mismas cosas. Estoy deprimida. Oro a diario por él y por mí. Oro para tener paz otra vez, para tener la capacidad de perdonarlo y eventualmente olvidar el dolor que siento. Sin embargo, no noto cambios ni en mí, ni en él. ¿Qué puedo hacer? Estoy agotada con esta situación.

Padre: Margarita, ¿quieres una nueva solución y no sabes que más hacer para conseguirla?

Margarita: Exactamente, Padre. No sé qué hacer.

Padre: Margarita, pienso que ya es tiempo de que tomes nuevas acciones que produzcan mejores resultados en tu vida, ¿estás de acuerdo?

Margarita: Sí, Padre. Antes de comenzar quiero decirle que ya he aceptado a Jesús como mi Señor y Salvador. Oro diariamente, especialmente por mi esposo y mis hijos. Sin embargo nada parece cambiar, no veo resultados. Por favor, ayúdeme; quiero tener paz acera de esta situación.

Padre: Margarita, has dicho que has aceptado a Jesús en tu vida como tu Salvador y Señor, ahora, te pregunto: ¿Por qué murió Jesús en la cruz?

Margarita: Para pagar el precio de nuestros pecados, para salvarnos.

Padre: ¡Exactamente! Él pagó el precio para quitar nuestros pecados. ¿Cuáles son los pecados que Él quiere destruir en nosotros? Hay dos pecados que nos privan de la libertad y la vida que Él tiene para nosotros, ¿sabes cuáles son?

Margarita: Seguro, Padre, los pecados mortales y los veniales.

Padre: Estos son dos grados de pecados, pero ¿cuáles son los dos pecados que nos quitan nuestra paz, alegría y convicción de tener vida en abundancia?

Margarita: No sé, Padre. ¿Cuáles son?

Padre: Margarita, en el Padre Nuestro, Jesucristo nos enseñó que debes orar para que venga Su reino y que se haga Su voluntad en la tierra como en el cielo diciendo: *"perdona nuestras ofensas como nosotros perdonamos a los que nos ofenden".* Estos son los dos pecados que continuamente nos afectan del reino de las tinieblas, de nuestras propias debilidades y de las influencias del mundo. Cristo pagó el precio con Su sangre derramada en la cruz para liberarnos de estos y darnos nueva vida: **mis pecados y los pecados de los demás.** Jesús pagó el precio de los pecados, que produce la muerte. (Romanos 5:12)

Jesucristo quiere que recibamos Su victoria sobre estos pecados por los méritos de Su muerte y resurrección. Jesús nos dio gratuitamente la victoria cuando murió en la cruz por estos pecados. Lo que Él quiere de nosotros es que aceptemos esta victoria a través del **arrepentimiento de nuestros pecados y perdonando los pecados, ofensas e irritaciones de los demás.**

Margarita, recuerda que nuestro Padre celestial amó tanto al mundo que mandó a Su Hijo único para salvarnos de todo mal (Juan 3:16). Por consiguiente, lo que debemos hacer es aceptar, recibiendo lo que Él ya ganó en la cruz para nosotros. Estamos invitados a participar en Su acción salvífica aceptando lo que Él ha hecho para que nosotros recibamos la victoria que Él ganó para nosotros.

Algunos piensan que Él ganó la victoria, y que por ello no tenemos que hacer nada, excepto creerlo. Sin embargo, si creemos que Él consiguió esta victoria, tenemos que recibirla y activamente responder a través del arrepentimiento y el perdón.

Así como tú lo hiciste, tenemos que invitar a que Jesús sea el Señor y Salvador de nuestras vidas y activar lo que recibimos cuando fuimos bautizados. De la misma manera, debemos participar en esta obra salvadora, aceptando y cooperando con la gracia que el Padre celestial nos da por los méritos de la muerte y resurrección de Su Hijo Jesucristo y por la presencia y el poder del Espíritu Santo.

Margarita, ¿cuál es la acción que necesitamos hacer para perdonar a los demás? En otras palabras, ¿Qué significa perdonar para ti? ¿Cuál es la acción que tú haces para perdonar?

Margarita: Padre, pienso que perdonar es olvidar la ofensa que otra persona nos ha hecho.

Padre: ¿Entonces lo que tú quieres decir es que tú actuarias como si la otra persona no hizo nada malo?

Margarita: Padre, creo que sí, pero no puedo hacerlo. He tratado sin éxito. ¿Qué puedo hacer?

Padre: Margarita, creo que mucha gente piensa lo mismo que tú. Unos me han dicho que perdonar es actuar como si no existiera la ofensa o buscar excusas por las cuales la persona ha hecho este mal. En estos dos casos ellos están negando sus sentimientos de enojos debido a la ofensa. Otros dicen que perdonar es cuando no se tiene rencor contra el ofensor o se dice a sí mismo: "no importa lo que ha pasado", o "ya la ofensa no me afecta o irrita" o "ya no tengo enojo o resentimiento hacia el ofensor".

Algunos otros piensan que perdonar significa solamente aceptar el mal que la otra persona ha hecho, sin esperar que el ofensor rectifique el mal o cambie.

Es más, otros dicen que perdonar es amar a la persona. Definitivamente perdonar es un acto de amor, sin embargo, ¿Qué es lo que hacemos para expresar este amor a través del perdón?

Todas estas formas de ver el perdonar, mencionados anteriormente, parecen que implican que el perdonar es una acción de negar la herida que la persona ofendida ha experimentado con el fin de sentirse verdaderamente libre. Sin embargo, esto no es necesariamente así. En mi experiencia, estas no son maneras efectivas de ver el perdonar. Cuando perdonamos no estamos disculpando o negando la ofensa más sin embargo, estamos reconociendo el mal y entregándolo a Jesús crucificado. Perdonar es un acto en el cual participamos en la obra de traer la victoria de Jesucristo a mí y a esta persona a través de Su muerte, donde Él venció y conquisto el mal. De esta manera, estoy participando con Jesús en liberar la gracia de sanación para mí y la conversión de esta persona, mientras se espera su respuesta de su libre voluntad.

En otras palabras, perdonar a otros no es una acción que yo hago sólo. Es una acción que Jesucristo hace y en la cual yo coopero con Su gracia, en Su obra salvadora. Yo no puedo quitar el pecado mío o del ofensor. Cuando Cristo murió en la cruz, Él pagó el precio por nuestros pecados. Este precio, que Él pagó derramando Su sangre, era para rescatarme del reino del mal y de mi participación en ese reino por causa de mis pecados. Esto significa que Él quiere ser nuestro Salvador activo para liberarnos del pecado y ser nuestro Señor, guiándonos y capacitándonos para seguirle en el camino de la vida.

Cuando escojo como un acto de la voluntad y con Su gracia a **perdonar a otros en el nombre de Jesús,** estoy transfiriendo las ofensas o irritaciones a Jesucristo en la cruz.

Sin embargo, el diccionario dice que perdonar a otro significa olvidar la falta que haya cometido contra ti y no guardarle rencor ni querer castigarle por eso, o no tener en cuenta una deuda o una obligación que esa persona tiene contigo. Ahora, mi pregunta es ¿A dónde va la ofensa o irritación cuando perdonamos? ¿Cómo dejamos que salga? y ¿Cómo lo hacemos?

Lo que yo estoy diciendo es que yo le declaro a la persona, mientras la imagino conmigo a los pies de la cruz de Jesús, "te perdono en el nombre de Jesucristo por…" Así es como dejo la ofensa ir a la cruz de Jesús donde Él ya ha pagado el precio. Cuando hago este acto conscientemente, en fe, estoy creyendo que el mal ya no está en mí sino que ha sido transferido a Cristo crucificado, quien está destruyendo el efecto dañino de esta ofensa o irritación en mí sanándome interiormente. Al mismo tiempo, el ofensor, por la misericordia de Dios, está recibiendo la gracia para vivir una vida más virtuosa, más santa.

Mucha gente perdona sin saber la acción que ha ocurrido. Pienso que aunque ellos no saben específicamente lo que es perdonar, quizás están transfiriendo el mal a Jesús cuando dicen que están perdonando. Parece obvio para ellos, es como cuando pregunto a otras personas ¿qué es caminar? y me dicen: "es caminar"; lo perciben como algo tan obvio que no necesita explicación. Otros, responden que caminar es mover sus piernas. Entonces para profundizar y aclarar la definición, me siento y muevo mis piernas. Luego, les vuelvo a preguntar, ¿es esto caminar? Un poco frustrados me contestan que debo estar parado para poder realizar la acción de caminar. Entonces me paro, y comienzo a mover mis piernas, y nuevamente me dicen que todavía a esta acción no se le puede llamar caminar; añaden que debo mover mi cuerpo, poniendo un pie frente del otro, etc. Este ejemplo demuestra que a veces es difícil precisar qué es caminar porque lo entendemos sin describirlo. Lo mismo pudiera suceder cuando tratamos de explicar perdonar.

Margarita, explicaré que es perdonar más claramente en un momento. Mi deseo es que a medida de que lo vaya explicando, te ayude a perdonar de tal manera que puedas beneficiarte y darte la paz plena que solamente Jesús puede dar. Esta acción, con el poder de la gracia de Dios, permite que Jesús obre más profundamente en ti y por ti para el beneficio de otros.

(Mientras buscaba algunos de mis apuntes sobre mi escritorio, Margarita se quedó meditando las palabras que le había dicho y volvió a decirme ansiosamente:)

Margarita: Padre, por favor continúe, estoy muy interesada en conocer y saber más acerca de perdonar.

Padre: Es importante saber que podemos perdonar, no solo a personas, sino también situaciones. Algunas circunstancias que nos causan daño o irritación son, por ejemplo: no poder encontrar trabajo, un neumático pinchado, una enfermedad, o un perro ladrando y perturbando tu descanso.

Cuando perdonamos en el nombre de Jesucristo, estamos poniendo la irritación u ofensa en las manos del Señor, para que Él venza el mal y su efecto en cada uno de nosotros (en mí y en el ofensor). Jesucristo murió en la cruz para liberarnos de todo mal. Nosotros tenemos que decidir conscientemente transferir a Sus manos este mal y confiar en Su victoria sobre el mal. Esta acción me está liberando a mí, la persona ofendida; mientras, afirma la obra transformadora de Dios en el ofensor. Esto es perdonar como Cristiano.

Otra manera de explicar la acción de perdonar es a través del juego de la "papa caliente". Cuando era niño, yo jugaba este juego con un grupo de personas en un círculo, pasando una pelota de unos a otros gritando "papa caliente". Para no "quemarse," el que terminaba con la "papa caliente" le tiraba el balón a otro diciendo lo mismo: "papa caliente".

Parece que el Señor me indicó que el arrepentimiento de mis pecados y el perdonar a otros se parece al juego de la "papa caliente". Necesito arrojarle mis pecados y los pecados de otros a Jesús diciendo: "papa caliente"; es decir: el pecado me quema demasiado y no lo puedo superar para liberarme de éstas "papas calientes". Tengo que arrojárselas a Jesús y confiar que Él se hará cargo de ellas. Él destruye su mal y me da fuerza a través de una nueva vida. Jesús no quiere que viva bajo el yugo del pecado, ni del mío ni del de otros. Más adelante veremos cómo el Sacramento de la Reconciliación es esa presencia de Jesús para transferir estos males a Si mismo para obtener Su victoria.

Margarita: Padre, ahora lo veo de una manera diferente. Esto es de gran ayuda para comprender mejor lo que es perdonar de verdad. Gracias. Esto me ayudará para realmente perdonar y experimentar más libertad de los males hechos contra mí. A mí en especial me gustó el ejemplo de la "papa caliente". Esto lo hace más concreto para mí.

Pero, Padre, mi problema es que a veces no quiero perdonar o sigo pensando que no puedo hacerlo. Si lo hago, pienso que no es auténtico, porque todavía siento la irritación hacia la persona o la situación. ¿Qué puedo hacer?

Padre: Gracias, Margarita. Te motivo a perdonar aun cuando no quieras o parezca ser no auténtico. Para ayudarte hacer esto, te voy a explicar la importancia de perdonar a otros para que te motives hacerlo. Después, te explicaré un método que te ayudará a perdonar de corazón, y así ayudará a que tu perdón sea auténtico.

Jesucristo en Mateo 6:12 nos enseña cómo orar al Padre con estas palabras: *"Perdónanos el mal que hemos hecho, así como nosotros hemos perdonado a los que nos han hecho mal".*

¿Por qué es tan importante poner estas palabras en práctica?, Jesús añade en los versículos 14 y 15: *"Porque si ustedes perdonan a otros el mal que les han hecho, su Padre que está en el cielo los perdonará también a ustedes; pero si no perdonan a otros, tampoco su Padre les perdonará a ustedes sus pecados".*

 Jesús está indicando que el perdón es necesario para obtener la remisión de nuestros pecados, porque al no perdonar estamos actualmente pecando por juzgar y/o condenar al ofensor aferrándonos a sus ofensas. Él quiere que estemos conscientes de que al no perdonar a otros, estamos cargando no solamente nuestros propios pecados, sino también nuestras malas respuestas o reacciones a los pecados de los ofensores. Nuestra respuesta al no perdonar agrega una carga a nuestra propia condición de pecado que existía antes. Cuando nos arrepentimos de nuestra respuesta incorrecta y los perdonamos en el nombre de Jesucristo por lo que ellos hicieron mal, Él puede darnos más vida y el poder para conquistar nuestra propia condición pecadora.

En el evangelio de San Marcos 11: 24, 25 Jesús indica como el perdón está conectado para conseguir respuesta a nuestras peticiones en nuestras áreas de necesidad: *"Por eso les digo que todo lo que ustedes pidan en oración, crean que ya lo han conseguido, y lo recibirán. Y cuando estén orando, perdonen lo que tengan contra otro, para que también su Padre que está en el cielo les perdone a ustedes sus pecados."*

Jesús también en el evangelio de Lucas 6:37 nos dice que tenemos que hacer algo con el mal o la irritación que ocurre en nuestras vidas: *"No juzguen a*

41

otros, y Dios no los juzgará a ustedes. No condenen a otros, y Dios no los condenará a ustedes. Perdonen, y Dios los perdonará."

El Señor Jesucristo nos dice que no debemos juzgar o condenar, pensando que la persona que ha actuado mal no puede convertirse ni ser redimido. Cuando perdonamos participamos en la obra de Dios de extender Su gracia para transformar y sanar al ofendido y a participar en la obra de Dios en el ofensor. Consecuentemente, Dios nos usa en Su obra sanadora y transformadora. **Entonces Jesús mismo nos enseña que perdonar a otros es esencial y beneficioso para ambos.**

En Lucas 6:37, el pasaje anterior, Jesús nos dice que hay tres tipos de respuestas que podemos tener contra la persona que nos ofende o irrita: juzgar, condenar o perdonar. Lo que Jesús quiere de nosotros para nuestro bien y de todos, es que elijamos perdonar y cuando lo hacemos, hacerlo de corazón según Mateo 18:32-35. En este texto Jesús nos enseña con la parábola del funcionario que no quiso perdonar, que el perdón tiene que ser de corazón, no solamente de labios: *"Entonces el rey lo mandó llamar, y le dijo: '¡Malvado! yo te perdoné toda aquella deuda porque me lo rogaste. Pues tú también debiste tener compasión de tu compañero, del mismo modo que yo tuve compasión de ti'. Y tanto se enojó el rey, que ordenó castigarlo hasta que pagara todo lo que debía. Jesús añadió: Así hará también con ustedes mi Padre celestial, si cada uno de ustedes no **perdona de corazón** a su hermano".*

Ahora, tú estás lista para aprender el proceso de cómo lograr perdonar de corazón, lo cual sólo ocurre con la ayuda de la gracia de Dios, fruto de Su presencia viva en nosotros.

Margarita: Padre, estoy lista, para aprender cómo aplicar el perdón a mi situación para liberarme de las cargas de estas ofensas e irritaciones. También quiero participar en ayudar a mi esposo con su condición, la cual parece imposible que yo pueda aguantar más.

Padre: Antes de explicar más, es bueno tener en cuenta, que si quieres que el acto de perdonar te beneficie continuamente, es importante buscar la gracia de Dios diariamente y por varias semanas o más, para poder practicar un método de perdonar como éste. Entonces el uso de este método se hace un hábito, una nueva manera de responder como una reacción más natural e instintiva para cada persona y situación, de esta manera se convierte en parte de tu modo de vivir. También lo mejor, si es posible, es practicarlo en un lugar donde haya lo mínimo de distracciones externas. El Señor Jesucristo nos ha enseñado en Mateo 6, que hay momentos que debemos estar en un lugar privado, para comunicarnos en una manera profunda con nuestro Padre celestial. Esto lo podemos aplicar al proceso de perdonar, cerrando las puertas en lo más posible a toda distracción externa. Yo digo esto porque cuando empezamos un programa de oración, el adversario trata de causar todo tipo de interrupciones posibles, tales como que alguien va a llegar a la puerta o el teléfono va a sonar. Además, para ciertas situaciones y personas, especialmente miembros de su misma familia, es necesario tomar tiempo a solas con el Señor para que el acto de perdonar pueda producir un resultado más profundo.

Perdonar de corazón, siendo un acto muy serio, también necesita una preparación y un ambiente adecuado para que su efecto sea más profundo en nosotros. Además, cuando queremos hacer algo de corazón, profundamente dentro de nosotros, usualmente toma tiempo.

Otro elemento importante que es necesario para perdonar de corazón es **perdonar en el nombre de Jesucristo**, quien murió y ha resucitado. Cuando Jesucristo sanó al paralítico, le dijo que sus pecados quedaban perdonados, y los fariseos dijeron que solamente Dios podía perdonar pecados. Jesucristo no negó esto, sino que al sanar al paralitico, Él dio a conocer que como Hijo del Hombre tenía el poder para perdonar pecados. Consecuentemente, Jesús reveló que Él era Dios. En el Padre Nuestro Jesucristo nos enseñó que debemos perdonar a los que nos ofenden. Para lograr esto, debemos perdonar en Su nombre. De esta manera estamos transfiriendo la ofensa a Él (como "papa caliente"), porque solamente Jesucristo puede verdaderamente perdonar o remover el pecado. Entonces Él trabaja por medio de nosotros para transformarnos, de igual manera a la persona ofendida y al ofensor.

También es importante recordar lo siguiente:

EL ACTO DE PERDONAR DE CORAZON TIENE TRES ASPECTOS BASICOS QUE ESTAN INCLUIDOS EN LOS SIETE PASOS DE

PERDONAR DE CORAZON.

1. **RECONOCER** la ofensa o irritación con todas las emociones que esta produjo cuando actualmente ocurrió.

2. **PROCLAMAR** en el nombre de Jesús en tu mente (consciente de todas las emociones conectadas con la ofensa) palabras de perdón y bendición sobre el ofensor. De esta manera estas **TRANSFIRIENDO la ofensa o irritación A JESÚS** en Su cruz donde El ganó la victoria.

3. **CONFIAR FIRMEMENTE CON FE INQUEBRANTABLE** que el Señor, a través de Su Espíritu Santo, está transformando la ofensa o irritación en algo que te libera de este mal y ayuda al ofensor en su proceso de conversión para que libremente escoja los caminos del Señor.

Después de estos tres aspectos, necesitas mostrar amor a la persona en la forma que el Señor indica a fin de seguir participando en la obra transformadora del Señor en esa persona. Esto se explicará con más detalle en el séptimo paso del proceso de perdonar de corazón.

Voy a explicar en las siguientes páginas los siete pasos que pueden ayudarnos a perdonar de corazón en el nombre de Jesús. En cada paso voy a tener una oración relacionada con el perdón y después una explicación de cada uno de los siete pasos. Si tienes preguntas de lo que explico, dime, porque quiero que asimiles todo en plenitud.

Margarita: Este proceso es más claro para mí, gracias. No puedo esperar aprender más.

CAPÍTULO 4
Pasos Previos para Perdonar

Padre: Hablemos ahora sobre los tres primeros pasos que te prepararan para que puedas perdonar de corazón. Esta preparación se puede hacer al comenzar el día o inmediatamente antes de la proclamación del perdón. El hacerla en la mañana nos ayudará durante el día en caso de que vengan ofensas o irritaciones, permitiéndonos perdonar en el mismo momento y de manera más fácil. Es como tomar vitaminas diariamente en la mañana para mantener altas nuestras defensas cuando seas atacada durante el día. Sin embargo, cuando llega una infección fuerte, debemos tomar otros cuidados; así mismo cuando se recibe una ofensa o irritación mayor hay que repetir los tres pasos de preparación seguidos por los otros cuatros pasos en el proceso para perdonar.

1. PEDIR LA PRESENCIA DEL ESPÍRITU SANTO:

Oración recomendada:

Padre celestial, lléname con Tu Espíritu Santo para que yo pueda perdonar de corazón, por la gracia de Tu presencia y por los méritos de la muerte y resurrección de Jesús. Quiero que Tú, Padre, seas glorificado con este perdón.

Ven Espíritu Santo, ven, por medio de la poderosa intercesión de María, Tu querida esposa. Te recibo en mi vida en este momento. Imagino Tu llegada como una luz que va llenando un cuarto oscuro. Te agradezco, Espíritu Santo, por venir a mí con tanta fuerza. (Pausa para ser consciente de Su presencia.)

Esta oración implorando la presencia del Espíritu Santo puede ser más corta, por ejemplo, puedes decir simplemente:

45

Ven Espíritu Santo para ayudarme a perdonar de corazón. Gracias por Tu presencia (Pausa para ser consciente de Su presencia).

A mí me gusta implorar al Padre por el regalo del Espíritu Santo, y por los méritos de Jesucristo, porque en Lucas 11:11-13 Jesús nos dice: *"¿Acaso alguno de ustedes, que sea padre, sería capaz de darle a su hijo una culebra cuando le pide pescado, o de darle un alacrán cuando le pide un huevo? Pues si ustedes, que son malos, saben dar cosas buenas a sus hijos, ¡cuánto más el Padre que está en el cielo dará el Espíritu Santo a quienes se lo pidan!"*. Este pasaje dice que debemos pedir al Padre el Espíritu Santo.

Por lo tanto, en esta oración le pido al Padre por el Espíritu Santo. Agrego por los méritos de la muerte y resurrección de Jesucristo por lo que Juan Bautista dijo en Lucas 3:16 cuando proclamó que Jesús va a bautizarnos con el Espíritu Santo: *"Pero Juan les dijo a todos: Yo, en verdad, los bautizo con agua; pero viene uno que los bautizará con el Espíritu Santo y con fuego. Él es más poderoso que yo, que ni siquiera merezco desatarle la correa de sus sandalias"*.

Hay muchas oraciones y canciones dirigidas directamente al Espíritu Santo, por ejemplo en latín hay una oración famosa que se llama 'Veni Creator Spiritus' - Ven Espíritu Creador. El elemento importantísimo es que tengamos una convicción que el Espíritu Santo está dándonos el poder de perdonar de corazón y que estemos conscientes que el Espíritu Santo viene del Padre, por Su hijo, Jesucristo.

El Espíritu Santo formó la humanidad de Jesús dentro del seno materno de la Santísima Virgen María. Fue a través de su "si" que el Espíritu Santo hizo esta obra maravillosa de darnos a nuestro Salvador Jesucristo. La Santa Escritura y la Iglesia nos describen que la labor principal del Espíritu Santo es la continua formación de Jesucristo en cada uno de nosotros. Él Espíritu Santo cumple esto enseñándonos más acerca del Padre, enseñándonos a orar, y a ser testigos verdaderos de Jesús.

El Padre comenzó la acción transformadora al enviar a Su Hijo, a través del Espíritu Santo, en María, la cual dió su consentimiento para esta obra. Por esto María es la esposa del Espíritu Santo, quien formó la humanidad de Jesús, y continúa siéndolo. A través de Su cuerpo humano, Jesús está formando un cuerpo místico, del cual formamos parte; María continúa siendo la madre de Jesús aun en este cuerpo místico que Él está formando. Por estas razones es importante incluir el gran misterio de María, la esposa del Espíritu Santo. Le pedimos a ella que esté presente para ayudarnos a recibir el Espíritu Santo, formando a Jesús como nuestro Salvador dentro de nosotros. En mi oración, me gusta pedir: **Ven, Espíritu Santo, por la poderosa intercesión de María, Tu amadísima esposa.**

En otro pasaje del evangelio Mateo 7:7, Jesús nos dice que cuando se pide, se recibe. Me gusta no solamente pedir, sino también recibir en fe lo que Él nos ha prometido, y en particular, Su Espíritu Santo cuando se lo pedimos. Dos formas de recibir proclamando en fe, son: (1) dándole gracias por Su presencia, por mi invitación según Su palabra, y (2) usando mi imaginación para visualizar que lo que estoy pidiendo está ocurriendo. En ambas maneras, proclamo que por mi fe en Su palabra, recibo el Espíritu Santo y lo visualizo como una luz llenando un cuarto oscuro y dándole gracias por Su presencia por la cual estoy implorando en mi oración.

Margarita: Padre, si hemos recibido el Espíritu Santo cuando fuimos bautizados, ¿por qué tenemos que pedir de nuevo el Espíritu Santo? Haciendo esto, ¿no estamos dudando que ya tenemos el Espíritu Santo?

Padre: Margarita, gracias por tu pregunta. Tenemos el Espíritu Santo desde nuestro bautismo, sin embargo, cuando lo pedimos nuevamente, invocamos Su presencia y reconocemos que todavía necesitamos Su acción en nuestras vidas. También es una forma para reafirmar que estamos en necesidad de Él en un modo especial para perdonar de corazón y no solamente de palabra. No me canso de pedir la presencia del Espíritu Santo para cada cosa que pasa en mi vida. Reconozco que soy nada sin Dios y que necesito siempre Su ayuda. Además, mi experiencia es que cuando hago esto, el Espíritu Santo me ayuda más que cuando no lo hago. Es un acto de humildad en el que reconozco que sin Él, soy nada y nada puedo.

Además, perdonar es un acto creado por una acción divina (sólo Dios puede perdonar el pecado) y es un mandato del Señor (*"Perdonen, y Dios los perdonará".* Lucas 6:37). Por lo tanto, para que yo participe en la acción de perdonar como Él nos pide, necesito la gracia de Dios por Su Espíritu Santo para lograrlo.

Margarita: Gracias, Padre, esta explicación me ayuda mucho. Ahora entiendo.

Padre: Consciente de la presencia del Espíritu Santo el segundo y tercer paso de la preparación nos ayudan a ser más conscientes de dos realidades de Dios, las cuales son muy beneficiosas en el proceso de perdonar de corazón.

2. HACERTE CONSCIENTE QUE DIOS AMA A AMBOS: A TI Y A LA PERSONA QUE NECESITA SER PERDONADA.

Después de invocar al Espíritu Santo, sugiero que ores algo como la siguiente oración:

Padre, Tú eres maravilloso. Mandaste a Tu Hijo, Jesucristo, para mostrarnos Tu misericordia. Te alabo por este amor, manifestado en Su venida como uno de nosotros: a vivir con nosotros, a enseñarnos, a morir para pagar el precio de nuestros pecados y resucitar para darnos una vida nueva y enviarnos Tu Espíritu Santo. Agradezco Tú presencia aquí conmigo para ayudarme a perdonar las ofensas o irritaciones de... (Menciona aquí el (los) nombre(s) de la(s) persona(s) o situación(es) o en general cualquier ofensas o irritaciones que pudiera haber ocurrido durante ese día) **Gracias porque quieres salvarnos de todo pecado y de toda maldad.**

En Mateo 5:42-48, Jesucristo nos enseñó que debemos amar a nuestros enemigos.

"A cualquiera que te pida algo, dáselo; y no le vuelvas la espalda al que te pida prestado. También han oído que antes se dijo: 'Ama a tu amigo y odia a tu enemigo'. Pero yo les digo: Amen a sus enemigos, y oren por quienes los persiguen. Así ustedes serán hijos de su Padre que está en el cielo; pues él hace que su sol salga sobre malos y buenos, y manda la lluvia sobre justos e injustos. Porque si ustedes aman solamente a quienes los aman, ¿qué premio recibirán? Hasta los que cobran impuestos para Roma se portan así. Y si saludan solamente a sus hermanos, ¿qué hacen de extraordinario? Hasta los

paganos se portan así. Sean ustedes perfectos, como su Padre que está en el cielo es perfecto".

Y en Lucas 6:37 dice: *"No juzguen a otros, y Dios no los juzgará a ustedes. No condenen a otros, y Dios no los condenará a ustedes. Perdonen, y Dios los perdonará".*

Para amar a los que les han ofendido es necesario primero recibir conscientemente y profundamente el amor de Dios para perdonar de corazón. Necesito entender poderosamente que Dios nos ama a ambos: al ofendido y al ofensor, con un amor infinito y eterno, así como dice en Jeremías 31:3*: "Yo me aparecí a él de lejos... Yo te he amado con amor eterno; por eso te sigo tratando con bondad".*

También, 1 Juan 4:8 nos recuerda que Dios es amor. Perdonar a otros es un modo de amar como Él nos amó, así como Jesús oró en la cruz por Sus perseguidores *"Padre, perdónalos porque no saben lo que hacen".* Entonces para perdonar a otros, es muy beneficioso recibir **conscientemente** la profundidad de Su amor hacia nosotros.

Margarita: Padre, sé que Él me ama, pero ¿cómo puedo **recibir** Su amor más profundamente?

Padre: Margarita, para recibir Su amor más profundamente primero necesitas estar convencida de la verdad de Su Palabra ya sea cuando las circunstancias están a tu favor o están en tu contra. Toma por ejemplo la verdad de Su palabra como se encuentra en Isaías 43:1-4a *"Pero ahora, Israel, pueblo de Jacob, El Señor que te creó te dice: No temas, que yo te he libertado; yo te llamé por tu nombre, tú eres mío. Si tienes que pasar por el agua, Yo estaré contigo, si tienes que cruzar ríos, no te ahogarás; si tienes que pasar por el fuego, no te quemarás, las llamas no arderán en ti. Pues yo soy tu Señor, tu salvador, el Dios Santo de Israel. Yo te he adquirido; he dado como precio de rescate a Egipto, a Etiopía y a Sabá porque te aprecio, eres de gran valor y yo te amo"* y en Juan 15:13 Jesús nos recuerda de Su amor cuando Él dijo: *"El amor más grande que uno puede tener es dar su vida por sus amigos".*

Ahora para recibir Su amor más profundamente te ayudaría si tomas, por ejemplo, un crucifijo (u otra imagen de Jesucristo o María que exprese Su amor) en tus manos manteniendo la mirada fija en ella y repitiendo un pasaje de la Biblia sobre Su amor, por ejemplo (u otros de los pasajes mencionados anteriormente), Jeremías 31:3: *"...Yo te he amado con amor eterno; por eso te sigo tratando con bondad"*. Con estos pasajes nuestro Señor está expresando Su amor por mí. Yo pongo mi nombre por ejemplo, Francisco, porque en Isaías 43:1 el Señor nos dice que *"Yo te llame por tu nombre"*. Mientras miras fijamente este crucifijo, dices palabras de gratitud por unos minutos hasta que resuene profundamente dentro de ti.

Recuerda que no estás sola en esto. El Espíritu Santo está presente para moverte más hacia esta realidad del amor de Dios, que es más allá de lo que la mente pueda captar. Como leemos en Efesios 3:19. *"Pido, pues, que conozcan ese amor, que es mucho más grande que todo cuanto podemos conocer, para que así est*én completamente llenos de Dios."

El amor de Dios es incondicional. Cuando recibes Su amor más profundamente puedes más fácilmente perdonar de corazón en el nombre de Jesús.

Recibir Su amor cuando estás ofendida o irritada, también ayuda para saber que Dios está contigo en tu dolor. Jesús ha sufrido todos tus sufrimientos y ahora está sufriendo contigo.   Él quiere que vengas a unificar tus sufrimientos con los Suyos para que Él pueda darte Su victoria. Es de gran ayuda expresar al Padre cuanto la(s) ofensa(s) y/o irritación(es) te ha(n) afectado. No debes negar el dolor que sientes aún mientras se lo ofreces a Él y recibes Su amor.

Margarita: Gracias, Padre, voy a añadir esta práctica en mi tiempo de oración personal. También quiero aprender como recibir más el amor de Dios y de usarlo en mi proceso de perdonar a otros. A menudo pienso que no soy capaz de perdonar porque no estoy suficientemente consciente de la profundidad de Su amor por mí. Necesito el poder del Espíritu Santo para que me ayude a recibir Su amor profundamente y a saber que Él también ama a la otra persona, al ofensor. Cuando los sentimientos de odio, enojo, rencor o frustración contra el ofensor son profundos me cuesta aceptar la gracia de Dios para amarlo y perdonarlo.

Padre: Es un buen punto, Margarita. Primero recibe Su amor por ti y luego acepta intelectualmente que el Señor también ama a la(s) otra(s) persona(s) porque Él los creó. No tienes que forzarte a expresar nada más. Esto es suficiente para comenzar a amar con el amor de Dios. El próximo paso de preparación también te seguirá ayudando.

3. RECIBIR LA MISERICORDIA DE DIOS:

Oración: **Padre, ayúdame primero a ver mis propios pecados y recordar Tú misericordia hacia mí.**

Toma un momento para recordar tus pecados y las veces que Él te ha perdonado. Busca el perdón de Dios si recuerdas pecados por los cuales todavía no has pedido y recibido Su perdón. También éste es el momento de pedir perdón por las veces que has respondido mal en tu mente o externamente en tus palabras o acciones al ofensor. Necesitamos ser honestos ante el Señor con los pecados que hemos cometido, aprovechando este momento para pedir y recibir Su perdón, Su misericordia.)

Jesús, perdóname, y lávame con Tu preciosa Sangre que derramaste para salvarme de todos mis pecados y de la tendencia a repetir estos.

Toma suficiente tiempo para tener una convicción interior de esta gracia de Su perdón hacia ti. Una manera de hacer esto es imaginándote en un arco de luz. En esta presencia divina permite que el Señor toque tu corazón con Su perdón, su amor misericordioso.

Tenemos un Dios de misericordia. Él sabe que somos imperfectos y débiles; Él no quiere condenarnos, sino rescatarnos de nuestras faltas, debilidades y nuestras tendencias hacia el pecado. Juan 3:17: *"Porque Dios no envió a su Hijo al mundo para condenar al mundo, sino para salvarlo".*

Margarita: Padre, quizá le estoy desviando de la explicación de los pasos de perdonar pero es importante preguntarle: ¿cómo se reconoce el pecado? ¿Puede clarificarme cómo puedo saber lo que es bueno y lo que es malo? La razón por lo que se lo pregunto es porque muchos dicen que lo "bueno" es lo que yo sienta que sea bueno o lo que la mayoría de personas diga; o lo que mi familia, la sociedad y la escuela me ha enseñado que es "bueno". Ahora, si yo hiciera lo opuesto a esto, ellos dirían que estoy haciendo lo "malo". Por lo tanto, su explicación me ayudará a saber que debo perdonar si no siento una irritación contra la persona, incluso si esa persona ha pecado o ha hecho lo que es malo ante los ojos de Dios. También me va ayudar a saber si yo necesito arrepentirme de algo de lo que no estaba consciente que era pecado.

Padre: En referencia con este asunto voy a tratar de explicarte unas cosas de un modo breve: como Cristianos creemos que Dios es el Creador del mundo. Él estableció un orden para todo el universo, incluyéndonos a nosotros los seres humanos. Como seres humanos, tenemos unos dones especiales, particularmente, la mente y la libre voluntad lo cual nos permite entender y hacer decisiones. Como seres humanos podemos escoger obedecer o desobedecer el plan de Dios. Dios es nuestro creador y como tal nos ha dado Su plan para nosotros por medio de Sus mandamientos. Obedeciéndolos, podemos ser lo que Él creó, verdaderamente humanos llenos de vida. Él nos da la libertad para escoger entre lo "bueno" y lo "malo". Sin embargo, Él quiere que escojamos Sus caminos, porque quiere que tengamos vida. Esto está explicado en Deuteronomio 30:15-20: *"Miren, hoy les doy a elegir entre la vida y el bien, por un lado, y la muerte y el mal, por el otro. Si obedecen lo que hoy les ordeno, y aman al Señor su Dios, y siguen sus caminos, y cumplen sus mandamientos, leyes y decretos, vivirán y tendrán muchos hijos y el Señor su Dios los bendecirá en el país que van a ocupar. Pero si no hacen caso de todo esto, sino que se dejan arrastrar por otros dioses para rendirles culto y arrodillarse ante ellos, en este mismo momento les advierto que morirán sin falta, y que no estarán mucho tiempo en el país que van a conquistar después de haber cruzado el Jordán. En este día pongo al cielo y a la tierra por testigos contra ustedes, de que les he dado a elegir entre la vida y la muerte, y entre la bendición y la maldición. Escojan, pues, la vida, para que vivan ustedes y sus descendientes; amen al Señor su Dios, obedézcanlo y séanle fieles, porque de ello depende la vida de ustedes y el que vivan muchos años en el país que el Señor juró dar a Abraham, Isaac y Jacob, antepasados de ustedes".*

En Isaías 55:8-9 el Señor nos recuerda: *"... mis ideas no son como las de ustedes, y mi manera de actuar no es como la suya. Así como el cielo está por encima de la tierra, así también mis ideas y mi manera de actuar están por encima de las de ustedes. El Señor lo afirma".*

Aquí el Señor nos revela lo que es correcto, apropiado y lo que nos da vida. Si no lo hacemos causa desorden y desarmonía en nosotros y en nuestro ambiente. Esto lo podemos encontrar de una manera poderosa en las Sagradas Escrituras, en el Antiguo Testamento y el Nuevo Testamento, donde tenemos los mandamientos establecidos por Él para darnos vida. Él nos da estos mandatos para que podamos ser humanos plenamente vivos (como declara San Ireneo, uno de los Padres de la Iglesia).

Sin embargo, para entender plenamente la Palabra de Dios, Jesucristo nos dejó Su autoridad en la Iglesia para profundizar y clarificar lo que es recto y lo que es malo, cuando Él dijo que escuchando a la Iglesia, lo escuchábamos a Él. *"El que los escucha a ustedes, me escucha a mí; y el que los rechaza a ustedes, me rechaza a mí; y el que me rechaza a mí, rechaza al que me envió".* Lucas 10:16

Para enfatizar esto, Jesús prometió estar con Su Iglesia bajo la dirección de sus apóstoles, con Pedro como su líder, y sus sucesores todos los días hasta el fin del mundo: *"Vayan, pues, a las gentes de todas las naciones, y háganlas mis discípulos; bautícenlas en el nombre del Padre, del Hijo y del Espíritu Santo, y enséñenles a obedecer todo lo que les he mandado a ustedes. Por mi parte, yo estaré con ustedes todos los días, hasta el fin del mundo".* Mateo 28:19-20

A través de la Biblia y Su Iglesia, Jesús quiere que Su voluntad, en lo que es correcto o incorrecto, esté clara. Hoy en día hay situaciones que surgen, las cuales tienen que ser aclaradas por la Iglesia dado al hecho que la Biblia no toca esos temas directamente. Un ejemplo es el caso del tema de los anticonceptivos. La Iglesia tiene la labor esencial de enfatizar explícitamente que los anticonceptivos no son algo que Dios quiere que los hombres y mujeres utilicen. La idea de que estos métodos no son de Dios está implícito en la Biblia en citas como Génesis 1:28: *"Tengan muchos, muchos hijos; llenen el mundo...".*

La voluntad de Jesús queda muy clara en las enseñanzas del Papa, sucesor de Pedro y cabeza de la Iglesia, con autoridad específica de actuar en Su nombre. En Mateo 16:17-19, Jesús prometió guiar la Iglesia por medio de Pedro y en sus sucesores, los Papas de la Iglesia:

"Entonces Jesús le dijo: Dichoso tú, Simón... porque ningún hombre te ha mostrado esto, sino mi Padre que está en el cielo. Y yo te digo que tú eres Pedro, y sobre esta piedra voy a construir mi iglesia; y ni siquiera el poder de la muerte podrá vencerla. Te daré las llaves del reino de los cielos; lo que tú ates en este mundo, también quedará atado en el cielo, y lo que tú desates en este mundo, también quedará desatado en el cielo".

El Catecismo de la Iglesia Católica (en la Parte Tres: Vida en Cristo, Sección 2, Capítulo 1), nos dice que desde el tiempo de los apóstoles, la función de la Iglesia, bajo las promesas de Jesús, ha sido de guiar y dirigir a Su Iglesia, a lo que **debemos creer y de lo que debemos hacer** para ser fieles a Jesús y Su voluntad para nosotros. La Iglesia desde el tiempo de los apóstoles ha funcionado bajo estas promesas de Jesús para seguir guiándola y dirigiéndola así como leemos en 1 Timoteo 3:14-15 *"Espero ir pronto a verte; pero te escribo esto para que, si me retraso, sepas como debe portarse uno en la familia de Dios,* que es ***la Iglesia del Dios viviente, la cual sostiene y defiende la verdad"***.

Margarita, es necesario que puedas comparar tu vida con lo que Él nos ha revelado con el fin de ver si estamos eligiendo la voluntad de Dios. El Señor, Creador del universo, es el único guía para mostrarnos y para mantenernos en el camino de lo que está bien y lo que está mal como se manifiesta a través de Su Iglesia y Su Palabra. Somos bendecidos de tener el Catecismo de la Iglesia Católica. Este nos ayuda a escuchar a Jesús a través de Su Iglesia para saber que creer, y saber lo que es correcto e incorrecto según lo revelado por la Sagradas Escrituras y confirmado y aclarado a través de la Iglesia que Jesús estableció.

Cuando pecamos, eligiendo un camino diferente de lo que Él nos ha revelado, Jesús nos invita a arrepentirnos. Cuando la otra persona escoge un camino diferente, del que Él ha revelado, Jesús quiere que nosotros le perdonemos. Él vino a rescatarnos de todo mal y de sus manifestaciones, y a guiarnos en el camino de una vida verdadera y libre.

A través de Su Espíritu Santo Jesús nos llama a arrepentirnos y caminar en Sus caminos colocando nuestros pecados en Su cruz donde Él nos perdona y nos transforma. Sin embargo, necesitamos aceptar esta victoria de Jesucristo en fe, fe en Su Palabra. Recordemos que nos dice 1 Juan 1:9, *"pero si confesamos nuestros pecados, podemos confiar en que Dios hará lo que es justo: nos perdonará nuestros pecados y nos limpiará de toda maldad."* A través de la acción de Su Espíritu Santo, Él nos capacita para vivir en conformidad con Él y con Su voluntad para nosotros.

Margarita: ¡Gracias, Padre! Entiendo mejor lo que es bueno y lo que es malo, y donde puedo encontrar más información sobre este asunto. Esto me ayudará a saber cuándo algo está mal de tal manera que yo pueda perdonar a otros sus ofensas. También me doy cuenta que sabiendo y entendiendo lo que es correcto e incorrecto me ayuda a ser más consciente de mis propios pecados y arrepintiéndome de ellos me permite ser más misericordiosa con otros.

Padre: Exactamente. Margarita, como seres humanos tenemos la tendencia de ver el mal más en otros que en nosotros mismos. Aquí hay un par de ejemplos de la importancia del arrepentimiento de mis pecados cuando alguien ha hecho algo ofensivo o que yo lo percibo como tal.

Uno es cuando estamos enojados, disgustados o frustrados con otra persona, frecuentemente no notamos nuestras propias reacciones hacia el ofensor. Cuando el Espíritu Santo revela estas y nos arrepentimos de nuestras reacciones incorrectas, ya sea expresada interiormente o exteriormente, en nuestra manera de pensar, las palabras que usamos, y/o las obras que hacemos que no son buenas, es más fácil perdonar al ofensor. Un ejemplo de esto sería cuando nuestra reacción es de ignorar, acusar, o humillar al ofensor. Con estos tipos de reacciones es importante arrenpentirnos y recibir la misericordia de Jesucristo antes de perdonar a la persona.

Otro ejemplo es cuando estamos haciendo casi lo mismo, pero en un modo un poco diferente, y no queremos reconocer que estamos muy semejante al ofensor. Necesitamos suficiente humildad para pedir al Espíritu Santo que nos ayude a ver si esto es así, a fin de que podamos arrepentirnos y cambiar nuestros propios defectos. Entonces podemos perdonar lo que percibimos como ofensivo. Un ejemplo de esto si vivimos con un alcohólico pero actuamos en una manera semejante con él y con otros pero no reconocemos esto.

Nota: Es importante no pensar, cuando alguien ha hecho algo malo, que no me irrita ni molesta y entonces no necesito perdonarlo. Cuando es malo o pensamos que es malo necesitamos perdonar para nuestro propio beneficio y por el bien del ofensor.

Para entender mejor el impacto que tiene nuestro propio arrepentimiento en la transformación de otros, quiero compartir un testimonio: había unas religiosas que tenían dos lotes de terreno para edificar un orfanato. En medio de ellos vivía una ancianita en una casa, y era necesario conseguir su terreno para unir los lotes y edificar el orfanato; con este propósito visitaron a la mujer, y ella no quiso vender ni cederles el terreno. Las religiosas oraban mucho por ella y la visitaban frecuentemente para conservar su amistad. Ella no quiso cederlo ni venderlo, aún sin tener herederos para su terreno.

Un día llegó a la congregación una nueva hermana, quien decidió visitar a la mujer. Cuando llegó a su casa, ella había salido de compras, y una niña fue la que le abrió la puerta. Al ver a la religiosa, la invitó a entrar y le mostró la casa, a la cual ninguna de ellas había entrado anteriormente. La religiosa observó que la señora había reunido muchos colchones; tenía alrededor de diez en dos de las recámaras. Al regresar al convento ella compartió su experiencia, y las religiosas pensaron que la mujer tenía el vicio de la codicia.

Durante la semana siguiente buscaron en su interior en qué forma ellas mismas eran codiciosas. Sacaron a la luz sus formas de codicia y, aunque eran de las más pequeñas en este vicio, se arrepintieron y cambiaron sus vidas. Después de un tiempo, visitaron nuevamente a la mujer y notaron que contestaba con más alegría. Para su sorpresa, la señora les preguntó si aún querían el terreno y les puso como condición para entregárselo que la dejarán vivir en la casa hasta su muerte y tener de las ciruelas que tanto quería. Ellas por supuesto dijeron que sí, y la mujer accedió a regalarles el terreno para que pudieran llevar a cabo sus planes.

Es posible que nuestro arrepentimiento por vicios semejantes, aunque no sean tan graves como los de la persona que está ofendiéndonos o irritándonos, sea una de las cosas necesarias para la transformación de esta persona, especialmente en el área en que ella está irritándonos. Esto también nos ayuda a librarnos de la irritación que esta persona nos causa.

En conclusión cuando nuestra manera de pensar, las palabras que usamos y las obras que hacemos no son buenas, necesitamos arrepentirnos de nuestro comportamiento. Después de perdonar a la persona con quien tenemos el rencor, podemos regresar a ella pidiendo perdón por nuestro modo de reaccionar externamente a la ofensa o irritación pero no por los pensamientos o sentimientos. De esta manera, podríamos empezar una reconciliación.

Capítulo 5

Pasos Finales para Perdonar de Corazón
(Cuatro pasos)

Padre: Margarita, evaluemos los próximos pasos para perdonar de corazón. Estos pasos incluyen perdonando y recibiendo el fruto del perdón.

4. PERDONA Y BENDICE EN EL NOMBRE DE JESUCRISTO

Empieza con una persona o situación, a la vez a menos de que varias personas hayan formado parte de la misma ofensa. Un ejemplo cuando varias personas están envueltas en la misma ofensa es cuando alguien tuvo un aborto. Aquí hay varias personas que participaron en este pecado: el papá y la mamá del bebé, los que auspiciaron o convencieron a la persona en su aborto, la recepcionista, las enfermeras, los doctores, etc. En este caso, uno puede perdonarlos conjuntamente en vez de hacerlo individualmente.

El valor de perdonarlos individualmente, a menos de que hayan formado parte de la misma ofensa, te permite tomar el tiempo que sea necesario con cada persona o situación para que el poder sanador del perdón sea más efectivo en ti y en la persona o situación que hizo la ofensa y/o provocó la irritación.

Entonces, con cada uno (o, como en el caso de arriba, con cada grupo) oramos mientras imaginándoles a ti y a la persona o situación a los pies de la cruz donde el mal fue conquistado:

Padre, envuelve a esta persona (o situación) con la luz de Tu presencia y de Tu amor. Y Padre, Te agradezco por Tu infinita misericordia por él/ ella/ellos.

(Entonces visualiza a la persona por un minuto con la luz de Cristo y dile [en voz alta o en la mente pero preferiblemente no cara a cara]): **En el nombre**

de Jesucristo nuestro Señor te perdono por haber hecho... (Toma tiempo para mencionar la ofensa o falta mientras estás consciente de cualquier sentimiento que pudiera haber estado presente en el momento de la ofensa o irritación). **Y doy gracias porque ahora te he perdonado(a) en el nombre de Jesús. Esta ofensa ya está en Su cruz, donde éste mal está vencido. Amén.**

Y en el nombre de Jesucristo te bendigo con (menciona las cosas particulares de lo que tú piensas que esta persona o situación necesite para ser lo que Jesús quiere que sea). **Doy gracias porque has sido bendecido(a) ahora por Jesús. Amén.** (Estas proclamaciones terminando con "Amen" son modos de expresar que he hecho mi parte de transferir la ofensa a Jesús en mi mejor esfuerzo bajo el poder y presencia del Espíritu Santo. He cumplido lo que Jesús pide de mí, es decir, perdonar para ser perdonado. Confío que Jesucristo está haciendo Su obra de transformación en esta persona mientras está respetando su libre voluntad.)

Margarita, Jesucristo nos enseñó a ser misericordiosos, como Él es misericordioso con los que pecan (Lucas 6:36). Él canceló nuestra deuda cuando nos perdonó los pecados sin tener o alcanzar méritos para ello. Merecemos la muerte, y sin embargo, Jesús nos ha perdonado.

Él tiene el perdón disponible para nosotros cuando nos arrepentimos con contrición o dolor por la ofensa y lo dejamos que Él nos guie en nuevos caminos. Él quiere que a través de Su perdón hacia nosotros, hacer lo mismo a los que nos han ofendido o irritado. Te daré un ejemplo de lo que estoy tratando de decir cuando hablo de expresar misericordia, porque hemos recibido tanta misericordia del Señor. En el Antiguo Testamento el hombre justo peca siete veces al día (Proverbios 24:16). Imagina a una persona muy justa que no peca más que tres veces al día. En un año (365 días), él pecó más de 1,000 veces. Este hombre tan justo pecó solamente 1,000 veces durante un año. Si él tiene 27 años y si no contamos los primeros 7 años, él pecó al menos 20,000 veces. El Señor le perdonó estos 20,000 pecados cuando se arrepintió. ¿Cuánto más debemos nosotros perdonar, una, dos, o varias ofensas del ofensor? **Recibimos misericordia para dar misericordia.**

(Nota: El número siete en la Biblia, al igual que otros números, está lleno de simbología. Significa perfección o plenitud. Entonces cuando se habla de "el justo", es decir, aquel que sigue los mandatos de Dios "peca siete veces" quiere decir que el pecado es parte de su vida, que siempre cae. Yo estoy usando en este ejemplo el número siete en su sentido literal para poder demostrar que tan misericordioso es el Señor con nosotros).

Santa Faustina en su diario describió tres cosas que el Señor quiere que hagamos para recibir continua misericordia:

- Pedir la misericordia de Dios, regularmente, por nuestras ofensas contra Él.
- Confiar en Su misericordia (que significa cuando sinceramente nos arrepentimos de nuestros pecados, Él paga el precio y nos libera para caminar en un nuevo modo con Él), y
- Que seamos misericordiosos como Él es misericordioso con nosotros.

La palabra misericordia viene del latín formado de *miser* (miserable, desdichado condición), *cor, cordis* (corazón) y el sufijo –ia. Esta palabra se refiere a la capacidad de sentir la desdicha de los demás. Por lo tanto la misericordia implica que la acción involucra nuestro corazón. Es una acción plena del corazón hacia la persona en su miseria de condición de pecador. Es lo que Dios nos da, en Su infinito amor por nosotros, cuando Él paga por nuestros pecados incluso antes de que nos arrepentimos, a pesar de que no lo merecemos (cf. Rom. 5:8). Esta misericordia nos da la oportunidad de arrepentirnos para experimentar Su nueva vida dentro de nosotros. Esta misma misericordia es lo que Él quiere que tengamos con otros para que recibamos Su continua y abundante misericordia. Esto también permite al Señor traer a otros más fácilmente al arrepentimiento.

Como te mencioné anteriormente es mejor perdonar a cada persona individualmente, excepto cuando varias personas cometieron la misma falta, como cuando alguien ha tenido sexo con varias personas. Es importante que la persona primero se arrepienta de sus propios pecados y luego perdone a cada uno individualmente. De no ser posible, también se podría perdonar a todos de forma colectiva, especialmente si no hay un recuerdo muy preciso de quiénes eran. A veces pensamos que es suficiente arrepentirnos de nuestros pecados solamente. Sin embargo, necesitamos perdonar a todos los que participaron en nuestro pecado ya que nosotros no solamente hemos pecado sino que al participar con nosotros en este pecado, ellos también pecaron contra nosotros. El hecho de arrepentirse y perdonar nos liberará de nuestros pecados, también del impacto de los pecados de otros que participaron con nosotros dándonos total libertad de nuestros pecados. Es bueno también como dice Neal Lozano en su libro *Libertad* tomar devuelta en el nombre de Jesús la autoridad que nosotros hemos dado a la persona en este acto inmoral diciendo por ejemplo: **En el nombre de Jesús yo renuncio a toda atadura impura con** (menciona la persona), **yo renuncio a toda atadura física y espiritual con** (menciona la persona) **y recupero la autoridad que le di o que él/ella tomó de mí** (cf. *Libertad* pg. 252-254).

Margarita, otro gran beneficio de perdonar a la(s) persona(s) que participaron en tu pecado es romper las cadenas que tienes con esa(s) persona(s) y restablecer tu dignidad como hijo(a) de Dios. No me refiero exclusivamente a las ofensas sexuales, sino también a cualquier otro pecado, como por ejemplo, emborracharse con alguien más, robar, un aborto (como el ejemplo que mencione anteriormente, el padre del niño, los que estaban animando el aborto, la recepcionista, el médico, las enfermeras, los amigos, etc.), en otras palabras con todos los que participaron contigo en el mal. Ellos hicieron su parte tal como tú hiciste la tuya. Por lo tanto, al perdonar, además de arrepentirte, consigues mayor victoria y no hay posibilidad de que el mal de la otra persona permanezca en ti porque ya está puesto en la cruz donde Jesús destruyó el poder de mis pecados y los de otros.

Margarita: ¡Wow! Nunca pensé en esto antes. Ahora estoy consciente de otras personas que necesito perdonar. Y ¿qué debo hacer si no estoy segura de haber perdonado a alguien?

Padre: A veces cuando no estás segura si has perdonado a alguien, o haber perdonado de corazón, es una ayuda perdonar otra vez para estar seguro. Perdonar no lastima a nadie, pero te beneficia a ti y a la(s) otra(s) persona(s).

Hay muchas personas a las cuales no hemos perdonado y estas irritaciones u ofensas permanecen en nosotros. Me acuerdo de una mujer que me compartió lo que hizo cuando descubrió el poder del perdón. Ella quiso regresar a su pasado para estar segura que había perdonado ofensas pasadas. Entonces, ella dividió su vida en cuatro secciones: La primera desde su nacimiento (yo prefiero desde la concepción) hasta los cinco años; la segunda de los seis a los doce años; la tercera sección de los trece a los diecinueve años; y la última de los veinte a los cincuenta años para arriba. Los peores males, los que nos afectan más profundamente, ocurren cuando somos más jóvenes porque estamos más vulnerables.

Después de esto, conscientemente, de acuerdo con el proceso de perdonar de corazón propuesto, ella tomó una semana para cada sección de su vida y pidió al Espíritu Santo que le revelara lo que pasó durante este tiempo de su vida, hizo una lista de personas y situaciones las cuales tenía la necesidad de perdonar conscientemente de corazón. Ella obtuvo resultados extraordinarios mientras tomaba tiempo para perdonar cada persona o situación. Yo, en imitación de ella, practiqué esta manera de perdonar y me ayudó mucho a escribir una lista de personas y situaciones bajo la inspiración del Espíritu Santo que no estaba seguro que había perdonado de corazón. Los perdoné y bendije en el nombre de Jesucristo utilizando los siete pasos para perdonar de corazón. Valió la pena el tiempo que tomo hacerlo. ¡Qué libertad esto me dio!

Margarita: No puedo esperar para probarlo. Sé que tengo mucha gente y situaciones que perdonar. A menudo me he preguntado porque he tenido tantos problemas al enojarme tan fácilmente. Ahora puedo ver como la falta de perdón por tantas heridas pasadas podrían ser la causa de mis reacciones de enojo. No estaba libre de sus ofensas.

Padre: Esto es algo que yo también descubrí. Es como un volcán que cuando tiene mucha actividad dentro siempre está al punto de erupción. Esto era lo que me pasaba a mi cuando acumulaba enojos. Una irritación u ofensa más me causaba fácilmente una explosión de enojo.

Por ejemplo, cuando era niño, no estaba consciente de la importancia de perdonar a los que me hicieron daño. No los perdone de corazón porque no entendía lo que significaba hacer esto. Nadie me enseño como hacerlo de una manera que yo pudiera entenderlo. Perdonar era simplemente una palabra que usaba a veces, en lugar de ser un proceso que ocurriera en la profundidad de mí ser. Lo que he encontrado interesante es que en todo este proceso de perdonar el Señor está todavía revelándome otras personas y situaciones que necesitan mi perdón, para poder liberarme de todos los efectos negativos que se han producido en mí. El Señor quiere liberarme de todas las heridas y desordenes que estas experiencias han producido en mi vida.

Si uno tiene una reacción de enojo contra otros y se nota que ésta es más fuerte que lo que la situación merece, probablemente es porque hay otros daños pasados que necesitan ser perdonados. El Espíritu Santo está siempre presente para ayudarnos; recuerda implorar Su ayuda, Su gracia, Él quiere que estemos recibiendo la victoria que Cristo Jesús ganó en la cruz cuando derramó Su Sangre para rescatarnos de todo mal.

Otra vez, perdonar incluye los siguientes pasos después de la preparación para perdonar de corazón:

1) **RECONOCER** la ofensa o irritación con toda la emoción que ésta produjo cuando sucedió.

2) **PROCLAMAR** en el nombre de Jesucristo palabras de perdón y bendición sobre el ofensor en tu mente, **TRANSFIERIENDO la ofensa y/o irritación a JESUS** en Su cruz, donde Él ganó la victoria.

3) **CONFIAR FIRMEMENTE CON FE INQUEBRANTABLE** que el Señor quien resucitó de entre los muertos (vencedor del pecado y de la enfermedad), a través de Su Espíritu Santo, está transformando la ofensa o irritación en algo que te libera de este mal y ayuda al ofensor en su conversión de vida.

Después de estos tres pasos, se necesita hacer una decisión de amar a la persona como el Señor te indica para participar más en la obra transformadora en esa persona. Esto necesita seguir el proceso de perdonar y puede ser considerado como un cuarto elemento en este proceso de perdonar.

Cuando decimos: "En el nombre de Jesucristo te perdono por haber hecho (nombrar la acción o situación)", es importante proclamar en fe con palabras de gratitud que esto está hecho, concluyendo con **Amén**, que significa, así sea. (Como te decía antes, esta palabra "Amen" significa que he hecho lo que Él me ha pedido y transferido las ofensas a Jesucristo y está liberándome de su mal efecto, continuando Su acto de misericordia hacia el ofensor.)

Perdonar requiere que en la mente reconozcamos el mal o la ofensa en el momento que actualmente ocurrió incluyendo cualquier emoción conectado a esto. Después, pasa a ser un acto de la voluntad el decidir transferir todo mal a Jesucristo en Su cruz donde derramó Su sangre para liberarnos. Cuando nos acordamos de una ofensa cometida contra nosotros en el pasado, la emoción puede ser desagradable. Sin embargo, en ocasiones hay ofensas, de poca o ninguna reacción emocional conectada a ellas. Si esto pasa, es una gracia extra de Dios y debemos dar gracias por este don.

Sin embargo, conozco personas que no tienen rencor y se sienten bien contra el ofensor, pero no lo han perdonado conscientemente. El perdón es un acto que tenemos que hacer conscientemente de transferir el mal al Señor y tener la convicción que el Señor está liberándote de todo el efecto dañino de este mal o irritación. No está bien que guardemos el mal en nuestro interior diciendo que no necesitamos perdonar al ofensor. Es saludable hacer este proceso del perdón de corazón conscientemente, aunque la persona con el tiempo ya no sienta la irritación contra el ofensor.

Margarita: Padre, yo no me había dado cuenta que es necesario perdonar, aunque no tenga enojo o resentimiento hacia el ofensor, y especialmente si no me parece una ofensa grave.

Padre: Margarita, recuerda el perdonar nunca nos daña ni daña a la otra persona. Es más bien una bendición tanto para el ofensor como para uno mismo. Mucha gente trata de convencerse y convencerme que no es necesario perdonar en ciertas ocasiones. Yo prefiero hacer el acto de perdonar a no hacerlo. Hago esto en las cosas más insignificantes, aunque fuera sólo una simple irritación. Quiero que Jesús me libere de todo aquello que pueda comenzar a robarme la paz y la victoria que Él me ha dado.

Al perdonar, no estamos juzgando o condenando al ofensor, sino que ambos estamos liberándonos del mal efecto producido por la ofensa, aunque ésta haya sido supuestamente insignificante. La ventaja de hacer esto regularmente, para todas las formas de irritaciones u ofensas, es que este acto se va convirtiendo en un hábito sano, que comienza a brotar natural y espontáneamente hacia las irritaciones u ofensas percibidas. Recordemos lo que Jesucristo nos dijo en Lucas 6:37-38: *"No juzguen a otros, y Dios no los juzgará a ustedes. No condenen a otros y Dios no los condenará a ustedes. Perdonen y Dios los perdonará. Den a otros y Dios les dará a ustedes. Les dará en su bolsa una medida buena, apretada, sacudida y repleta. Dios los medirá a ustedes con la misma medida con que ustedes midan a los otros".*

Cuando juzgamos o condenamos, estamos evaluando los motivos de la persona y estamos diciendo indirectamente que ellos no pueden cambiar. Por lo contrario, cuando perdonamos, no estamos evaluando cuán grave es el mal, qué tan culpable es la persona, ni cuánta gracia recibió para resistir la tentación de caer en el mal. Más bien, cuando perdonamos estamos transfiriendo a Jesús la ofensa o irritación para que El haga la transformación a ambos, el ofendido y el ofensor. Hoy en día, mucha gente no quiere juzgar a otros, así que no hacen nada con el mal. De cierto modo están aprobando el mal. Cristo quiere que perdonemos permanentemente.

También, vale la pena recordar de nuevo que usualmente nosotros percibimos algunas cosas ofensivas, aunque en realidad no las sean, pero sólo por el hecho que pensamos que es malo, es mejor perdonar. Por ejemplo, si piensas que alguien en la familia no te quiere, quizás no sea cierto, sino sólo una percepción. Otra situación puede ser que una persona piense que otra persona la ha maldecido. En estos casos, es mejor perdonar este tipo de percepción en el nombre de Jesucristo, para liberarte de un mal posible y ofrecer una bendición en el nombre de Jesucristo para esa persona. Enviar una bendición concreta es siempre beneficioso.

Margarita: Gracias Padre por sus explicaciones. Estoy viendo con más claridad la necesidad de perdonar y ciertamente no lo había hecho de esta manera. Usted mencionó dentro del proceso del perdón que tenemos que bendecir a la persona que nos ha hecho algún mal o irritación. ¿Cómo puedo hacer esto?

Padre: Margarita, gracias por emplear el término –proceso– para describir la acción de perdonar ya que, en realidad, no es una palabra o un momento, sino un proceso que requiere tiempo y varios pasos importantes. Con ofensas más leves, el proceso es más corto, como perdonar a alguien que estaba manejando de manera irresponsable. Se puede perdonar más rápido usando este paso

#4 el cual es perdonar la irritación y bendecir al ofensor en el nombre de Jesucristo. Pero esto no puede ser suficiente si la ofensa o irritación es más profunda.

Para contestar tu pregunta: la bendición después de perdonar es como cuando uno quita algo (la ofensa o irritación), pero debe ser reemplazado con lo que le falta a la persona que me ofendió para que sea mejor. Supongamos que alguien me ha hecho algo a causa de su arrogancia, puedo bendecir a la persona diciendo: "En el nombre de Jesucristo yo te bendigo con el poder de ser más humilde".

Recuerdo el caso de un niño que estaba enojado con su madre porque ella fue impaciente y lo corrigió injustamente. Ella no investigó lo que había pasado, suponiendo lo peor, le empezó a gritar a su hijo. En este caso el niño, después de perdonar, podría decir: "Yo te bendigo con la virtud de la paciencia y la disposición para averiguar lo que realmente ocurrió en cada situación". 1 Pedro 3:9 nos dice: *"No devuelvan mal por mal ni insulto por insulto* (incluso internamente, en tu mente)*. Al contrario, devuelvan bendición, pues Dios los ha llamado a recibir bendición".*

Cristo también nos dice en Lucas 6:27-28 que debemos bendecir a los que nos maldicen (o hacen algún mal contra nosotros*): "Pero a ustedes que me escuchan les digo: Amen a sus enemigos, hagan bien a quienes los odian, bendigan a quienes los maldicen, oren por quienes los insultan.'*

Bendecir a alguien es enviar de tu mente algo bueno y particular que el ofensor necesita según tu punto de vista y lo haces en el nombre de Jesucristo. ¿Cuántas veces una persona quiere que otra persona cambie? Muchas veces nosotros deseamos esto, pero no hacemos nada constructivo para realizarlo.

Toma este otro ejemplo: una esposa quiere que su marido sea más paciente y comprensivo, pero en lugar de enviar una bendición, envía con sus pensamientos: disgustos, descontentos, preocupaciones, enojos y sentimientos. ¿Qué fruto produce esto? Ella pudo haberle enviado una bendición en el nombre de Jesucristo: una bendición de paz, de deseo de cambiar para vivir una vida mejor, de abrir su vida para ser una mejor persona bajo el señorío de Jesús, etc. Esto habría sido una respuesta constructiva, la cual podría haber beneficiado a ella y a su esposo. De esta manera ella estaría cooperando con Jesús quien es el que está moviendo para ayudarle para tener un cambio de corazón. Así como San Pedro nos dice en 1 Pedro 3:9 que, cuando bendecimos recibimos bendiciones en nuestra vida. Jesucristo también nos enseñó a dar para recibir: *"Den a otros y Dios les dará a ustedes. Les dará en su bolsa una medida buena, apretada, sacudida y repleta. Dios los medirá a ustedes con la misma medida con que ustedes midan a los otros".* (*Lucas* 6:38)

Mucha gente creen que el sólo hecho de orar por la persona ya es bendecir. Indiscutiblemente orar es una bendición, sin embargo, Jesucristo y San Pedro nos piden que nosotros enviemos explícitamente una bendición. Para tener un mayor efecto, es mejor bendecir a la persona en el nombre de Jesucristo y proclamarla con convicción de fe, sabiendo que la bendición en cooperación con la gracia de Dios, la cual ya está trabajando en esta persona, producirá fruto. Después expresamos gratitud por lo que el Señor está haciendo y terminamos con un "amén", así sea. En otras palabras hemos hecho lo que Jesús nos pide.

Margarita: Ya veo que enviar una bendición en el nombre de Jesús tiene poder para que él/ella sea más como el Señor quiere que sea.

Padre: ¡Exacto, Margarita! También es bueno preguntarle al Señor qué bendición quiere que envíes en Su nombre. Probablemente te muestre más de lo que piensas que la persona necesita.

Los próximos dos pasos en el proceso del perdón son para **recibir** más profundamente lo que el Señor está haciendo con el ofensor o irritador y lo que Él está haciendo contigo, que has sido ofendida o irritada.

5. VISUALIZAR A CRISTO, RESUCITADO DE ENTRE LOS MUERTOS, DESPUÉS DE HABER VENCIDO EL MAL VICTORIOSAMENTE, TOCÁNDOLOS A USTEDES DOS CON SU AMOR SANADOR:

Pide que el Espíritu Santo te dé una imagen del ofensor, sin el defecto en cuestión, debido a la misericordia de Dios, actuando en la persona en comunión con tu proclamación de perdón y bendición en el nombre de

Jesucristo. Toma un tiempo visualizando a Jesucristo resucitado tocándole y liberándole del mal y llenándole con la bendición esta persona.

Luego ora:

Padre Santo, esta es... (Nombre de la persona o de la situación), **tal como la imagino después de haber sido perdonada y bendecida por Jesús. Ahora envía Tu Espíritu Santo por medio de mí y haz de...** (Nombre de la persona) **una nueva creación tuya, llena de Tu alegría y de Tu paz.**

Y para sanación de tu herida, visualizando a Jesús con sus manos en tu cabeza ora:

Padre celestial, cura en mí también toda herida causada por la ofensa o irritación. Te doy gracias porque sé, por mi fe, que estás sanándome y llevando a cabo esta victoria por medio de Jesucristo, Tu Hijo nuestro Señor. (Pausa y toma todo el tiempo que necesites para estar consciente de que todo esto está pasando por medio del poder del Espíritu Santo mientras le das gracias por esta sanación de tu reacción emocional.) Visualiza que la transformación está ocurriendo porque tenemos la convicción que el Señor está obrando.

Deja que el Espíritu Santo, produzca la transformación dentro de ti porque tú tienes una convicción llena de fe que el Señor está destruyendo el mal y produciendo nueva vida.

Margarita, hay varias maneras de visualizar a la persona transformada: 1) puedes visualizar a la persona como la recuerdas sin la ofensa; 2) como piensas que la persona sería ahora sin la ofensa y bendecida, ó 3) Pide al Señor que te muestra cómo sería la persona sin la ofensa pero siendo perdonada y bendecida en el nombre de Jesús. Guarda esta imagen. El Señor, entonces, te da la nueva imagen de la persona transformada remplazando la imagen que dañaba tu vida.

No estamos inventando una nueva persona, sino que estamos expresando nuestra fe de que Jesús es el Salvador destruyendo el mal y está estableciendo el bien. Por lo tanto, Él está transformando a esta persona que nos ha ofendido porque le hemos perdonado y bendecido en Su nombre. Puede ser dañino seguir imaginando a la persona con la ofensa. Pero te da vida la imagen de la persona transformada por el poder de la Cruz de Jesucristo convencido que Jesús está trabajando con la persona mientras respeta su libre voluntad.

Al visualizar la transformación ocurriendo como una expresión de tu fe en el poder salvador de Jesús, estás participando en lo que Él ganó en la Cruz. Por tu decisión de perdonar y bendecir a esta persona en Su nombre como Él te pide, esta transformación puede ocurrir más fácilmente.

Margarita, mi convicción es que cuando perdono a otro, el Señor está presente no solo para transformar al ofensor, sino para sanarme del mal o irritación. Él viene a transformarme desde lo más profundo de mi ser. Por un lado, estoy perdonando a la persona no solamente con mi mente, reconociendo el mal, y con mi voluntad, transfiriendo el mal a Jesucristo crucificado, sino que también está ayudándome a aceptarlo con mi imaginación. En otras palabras estoy perdonando usando la imaginación.

Después del perdón, la persona no vive más en mí irritándome u ofendiéndome. En mi experiencia, muchas veces perdono con la voluntad; sin embargo, la imagen de la persona dentro de mi es la de alguien que no ha sido perdonado. Por lo tanto, es importante recibir en fe a la persona que ha sido perdonada en la imaginación, gracias a la acción del Espíritu Santo. Antes del perdón, el ofensor tiene dos lugares donde está viviendo: en el mundo y dentro de mí. Cuando perdono, el Señor me está dando una nueva persona interiormente que me va a dar vida en lugar de quitármela, y así Él puede continuar más fácilmente Su obra de transformación en la persona que vive en el mundo fuera de mí.

Aunque no siempre sienta que esta transformación está ocurriendo, tengo al menos la convicción en fe de que Jesús está presente sanándome y continuando su trabajo de transformar a la otra persona. Estoy libre de esta ofensa o irritación. ¡Qué grande y maravilloso es el Señor, el Salvador! No hay nadie como Él.

Cuando estoy frente a la persona en cuestión o su recuerdo viene a mi mente, doy gracias a Dios que ya está transformada en mis adentros y está en proceso de transformación fuera de mí; aunque mis sentimientos no están inmediatamente de acuerdo o si no veo ocurriendo instantáneamente la transformación completa.

Margarita: Padre, esto parece tan bueno. Sin embargo, la persona posee libre albedrío y ¿Qué pasaría si quizás no acepte cooperar con esta gracia del Señor, rechazando así la nueva vida que Él quiere darle?

Padre: Margarita, ésta es una buena observación y una buena pregunta que me hacen frecuentemente. Esta posibilidad no me preocupa. Creo que Jesús es el Salvador y sabe trabajar con la libre voluntad. Si no pasa inmediatamente por una u otra razón, Él va a vencer el mal, aunque no lo veamos. Por fe, Él quiere que yo lo crea. Dejo esto en las manos del Señor que vino, no para condenar, sino para salvar. Mi parte es perdonar con la convicción que el mal que antes estaba en mi corazón ahora está en Cristo Jesús, nuestro Salvador.

Antes de perdonar a la persona, yo jugaba el papel del salvador de esta persona; pero después de perdonar, yo dejo que ahora Jesús sea el Salvador de esta persona y no yo. Mi parte ahora es manifestar más amor hacia la persona. Hablaré de esto con más detalle en el último paso.

Margarita: Entiendo mejor, Padre. Es mucho mejor que Jesús sea el Salvador de la persona, en vez de que yo intente usurpar Su lugar. Ahora veo como mis malos pensamientos hacia este ofensor, mis palabras y obras contra él no sirvieron de nada para ninguno de los dos. Padre, pero las heridas en mi corazón no salen muy rápido. Es más, a veces parece que no van a salir nunca de mí. ¿Qué puedo hacer cuando el enojo sigue, hacia la persona por todo el mal, que me ha causado?

Padre: Margarita, es válido lo que expones. Muchos piensan que si esta irritación se queda, no la han perdonado; pero no es verdad. Cuando perdonamos en el nombre de Jesús, nuestro Salvador, está hecho. Esto lo sabemos por fe. Por ejemplo: Cuando le pido al Señor que me perdone mis pecados con un corazón contrito y preparado a tomar pasos para enmendar mi vida, por fe sé que Jesús me perdona, aunque no lo sienta. Esta misma fe es necesaria cuando perdono en nombre de Jesús de Nazaret, nuestro Salvador; el Señor me libera de esta ofensa. Esto permite que Él me presente una nueva imagen en mi interior de la persona perdonada y bendecida por Él y me ayuda a aceptar esta nueva realidad.

El problema, Margarita, es que a veces nosotros no dedicamos el tiempo para estar en la presencia del Señor en este proceso de perdón. Debemos pedir y luego tomar unos minutos para recibir la sanación de la irritación u ofensa. Somos personas impacientes, queremos todo instantáneamente.

Otra buena ayuda es que otra persona ore sobre ti para que puedas recibir esta victoria en tu interior. Después de esto, quizás hay momentos en los que todavía sentimos la irritación o la injusticia. En el próximo paso desarrollaré otras ideas que puedes poner en práctica.

6. EXPRESA GRATITUD DESPUÉS DE LA ORACIÓN QUE HEMOS HECHO:

Sigue dando gracias al Padre Celestial hasta tener una convicción, de cambios en ti misma y en la otra persona. Si ocurre una nueva ofensa o irritación, repite la oración una vez más desde el inicio. Esto es lo que Jesucristo le dijo a Pedro cuando él quiso saber cuántas veces debe perdonar las ofensas de otros. Jesús le contestó setenta veces siete - siempre (Mt. 18:22).

Margarita, al darle gracias al Señor, estamos proclamando en fe Su victoria, tanto en ti misma, como en la otra persona. A veces la irritación no sale inmediatamente, pero la acción de recibir en fe por la gratitud es una manera de permitir que el Señor siga sanado las heridas dentro de ti. También esto nos permite participar con Él en hacer una obra aún más profunda de transformación en el ofensor.

En un libro de Agnes Sanford, titulado *Healing Light*, la autora describe la acción de recibir la victoria de Jesucristo de la siguiente manera: (traducción de una parte de ese libro). Aquí está lo que ella sugiere después de perdonar a alguien: *"Una vez que se haya logrado un perdón en Su nombre, nosotros jamás debemos dudar sobre lo ocurrido, por temor a que detengamos el trabajo que Él está haciendo a través de nosotros. Habiendo dicho, 'Yo doy gracias para que tal persona sea perdonada', debemos continuar dando gracias para que eso sea así. Debemos confiar en que Dios realmente trabaja a través de nosotros, y no debemos dejarnos engañar por nuestros propios sentimientos indómitos. Ese sentimiento hacia la persona perdonada tal vez no cambie inmediatamente. Ciertamente, esa sensación de repugnancia y frialdad que es la antesala de la muerte, puede ser más notoria por un día o algo así. Esto es debido a que hemos arrastrado la 'medio-olvidada' antipatía hacia el umbral del consciente como un árbol extraído desde sus raíces que avienta mucha suciedad. Por lo tanto, no debemos prestar atención a nuestros sentimientos, sabiendo que son el resultado de un viejo hábito de pensamientos de irritación, y que pronto pasará. Si un doctor extrae una basura del ojo, la incomodidad tal vez no se vaya inmediatamente; ciertamente, el ojo podría sentirse peor por unos pocos minutos. 'Eso está bien', podría decir el doctor, 'su ojo aún está adolorido porque ha estado irritado por mucho tiempo. Trate de olvidarlo. Así que, cuando el nombre o la cara de la persona a quien hemos perdonado viene de nuevo a la mente, tal vez causando la misma irritación, nosotros debemos pensar: 'No es nada. Jesucristo ha perdonado a tal persona a través de mí, y por lo tanto, ella ha sido perdonada, independientemente de cómo me sienta'. Esa emoción es sólo un viejo hábito de pensamiento y pronto se irá".*

Me acuerdo de una primita que tenía un poco más de un año. Estaba gateando en la sala sobre la alfombra cuando de repente empezó a gritar con una voz tan fuerte que toda la vecindad oyó sus gritos. Mi tío entró en la sala y nos preguntó quién había dejado caer su niña. Todos nosotros estábamos lejos de ella. Mis tíos convencidos de que algo le había pasado a la niña, quien llorando de dolor señalaba su rodilla, partieron con ella para el hospital. Los resultados de los rayos X mostraron que una aguja había penetrado completamente sin dejar rastros de sangre. Usando anestesia, el médico le quitó la aguja.

Todos regresaron al hogar sin mayor contratiempo; sin embargo, mi prima empezó a gritar otra vez como si la aguja todavía estuviera adentro. Mi tía le explicó que la cosa extraña, en este caso la aguja, ya había sido extraído y que el síntoma de "dolor fantasma" que estaba experimentando desaparecería gradualmente. Finalmente, luego de exponerle toda la información pertinente, le dio un medicamento prescrito para el dolor. Mi prima estuvo tranquila mientras el área afectada sanaba. Este es otro ejemplo de cómo actúan nuestras emociones cuando alguien nos ofende o irrita y el dolor no siempre se va inmediatamente. También necesitamos tiempo para permitir que la herida se sane con el tiempo después de perdonar.

Después de pasar por estos pasos del perdón con Jesucristo a través de la presencia y del poder del Espíritu Santo, la causa de la herida, la cual es el dolor dentro de nosotros es removida, pero la irritación a veces permanece un poco más de tiempo. Es mejor decirle a la emoción que está dentro de nosotros, que hay un proceso de sanación que está trabajando dentro de nosotros. Como Agnes Sanford nos dijo, *"Así que, cuando el nombre o la cara de la persona a quien hemos perdonado viene de nuevo a la mente, tal vez causando la misma irritación, nosotros debemos pensar: 'No es nada. Jesucristo ha perdonado a tal persona a través de mí, y por lo tanto, ella ha sido perdonada, independientemente de cómo me sienta. Esa emoción es solo un viejo habito de pensamiento y pronto se ira.'* (pg. 53) Durante este tiempo es bueno mantener la imagen de la persona perdonada mientras expresas tu gratitud a Dios por Su victoria en ti.

Es conveniente seguir proclamando bendiciones sobre la persona, aun cuando la irritación ya se esté disminuyendo. Esto va a confirmar tu fe en esta victoria de Jesús sobre el ofensor, mientras estas manteniendo a la persona transformada. Ésta es otra forma de confirmar tu convicción.

A veces tenemos que perdonar setenta veces siete. Si otra o la misma ofensa ocurre de la misma persona después de perdonarla, sigue perdonando con la misma convicción. El Señor tiene victoria, no vaciles sino creé esto.

Jesús habló con convicción, como veremos en el siguiente pasaje bíblico, sobre la importancia de no vacilar en tu fe:

"Jesús contestó: Tengan fe en Dios. Pues les aseguro que si alguien le dice a este cerro: '¡Quítate de ahí y arrójate al mar!', y no lo hace con dudas, sino creyendo que ha de suceder lo que dice, entonces sucederá. Por eso les digo que todo lo que ustedes pidan en oración, crean que ya lo han conseguido, y lo recibirán. Y cuando estén orando, perdonen lo que tengan contra otro, para que también su Padre que está en el cielo les perdone a ustedes sus pecados". Marcos 11: 22-25.

Santiago en su carta habla de tener fe sin dudar. Aun cuando él está hablando de pedir sabiduría, podemos aplicar esto en el proceso de perdonar a otros de corazón. En este proceso también nosotros necesitamos una fe no vacilante:

"Si a alguno de ustedes le falta sabiduría (o falta de convicción en los pasos del proceso de perdonar a otros)*, pídasela a Dios, y él se la dará; pues Dios da a todos sin limitación y sin hacer reproche alguno. Pero tiene que pedir con fe, sin dudar nada; porque el que duda es como una ola del mar, que el viento lleva de un lado a otro. Quien es así, no crea que va a recibir nada del Señor, porque hoy piensa una cosa y mañana otra, y no es constante en su conducta".* (Santiago 1:5-8) Santiago hace énfasis en la importancia de una fe sin vacilaciones para recibir lo que el Señor promete.

Cuando perdonas y bendices a otra persona, pide la presencia del Espíritu Santo para ayudarte a confiar hasta ver la victoria realizada tanto en ti como en la otra persona. No te canses de pedir la presencia del Espíritu Santo con la poderosa intercesión de María, Su querida esposa, como auxilio en todo este proceso. Él quiere que tengamos la victoria que Jesucristo ganó en la Cruz y resurrección.

Margarita: Padre, ¿entonces cómo estoy segura que ya he perdonado de corazón?

Padre: Puedes estar segura que has perdonado sí consiente de la presencia y el poder del Espíritu Santo: 1) estas reconociendo el mal, 2) estas proclamando el perdón y la bendición, y 3) estas visualizando a Jesús tocándote a ti y a la otra persona y aceptando a la persona transformada por Jesús en ti primordialmente, aunque tengas sentimientos de enojo, irritación, desilusión, tristeza o el dolor todavía continua por un tiempo. Continúa dando gracias a Dios porque has hecho lo que Él te pidió. No es cuestión de olvidar o no pensar más en la ofensa sino es una realidad que ya el perdón está hecho y lo estas aceptado sin duda. La ofensa y/o irritación está en la cruz de Jesús y tú estás libre de cargarlo...

Hay un último paso que es esencial en el proceso de perdonar. Este paso es más bien un fruto de la acción de perdonar en vez de ser simplemente un paso más. Es un próximo paso vital después de alcanzar la victoria que produce el perdón.

7. EXPRESAR MÁS AMOR HACIA LA PERSONA O SITUACIÓN:

Puedes orar pidiendo esta gracia así:

Padre Celestial, muéstrame ahora lo que Tú quieres que yo haga para que pueda expresar de otras formas Tu amor hacia esta persona que me ha ofendido o irritado por medio de algún servicio o palabras, incluyendo palabras de corrección cuando sea necesario, con una actitud de amor, con la convicción que Jesucristo está encargado de la ofensa y/o irritación.

En el mundo, los que no creen en la victoria de Jesucristo, piensan que es ridículo hacer el bien para vencer el mal que otros hacen, sin embargo, nuestro Maestro y Señor nos enseñó lo contrario: *"Pero a ustedes que me escuchan les digo: Amen a sus enemigos, hagan bien a quienes los odian, bendigan a quienes los maldicen, oren por quienes los insultan".* Lucas. 6: 27-28. Y en Romanos 12: 21 dice: *"No te dejes vencer por el mal. Al contrario, vence con el bien el mal".*

Este es el momento para orar por las personas y hacerles el bien. Es increíble lo que el amor puede lograr. Me acuerdo del testimonio de una mujer, a quien llamaré Sara, que decidió amar a su jefa en el trabajo: Cada día ella maltrataba a Sara con palabras y acciones humillantes. Con la fuerza del Espíritu Santo en oración y el apoyo de sus compañeros, decidió servirla y respetarla con sus palabras hacia ella y también en las conversaciones de ella con otras personas. Un día ella se enfermó y fue a dar al hospital donde fue intervenida quirúrgicamente. Sara le mandó una carta expresando sus deseos de verla sana y de regreso en el trabajo. También incluyó una donación para ayudar durante este tiempo de recuperación. Consciente de su forma de tratar a Sara, la jefa estaba sorprendida de ver como ella pagaba con caridad y bien todo el maltrato que le había causado. Por eso a su regreso, tuvo una buena relación de amistad con ella. El amor ganó la victoria otra vez.

Jesucristo nos dio unas palabras muy fuertes que aplica a esta situación:

"Así pues, hagan ustedes con los demás como quieran que los demás hagan con ustedes". Mateo 7: 12a. Imagínate a ti haciendo a otra persona lo que quieres que otras personas te hagan a ti, y luego hazlo. Recuerda que Dios es amor y Su amor hacia nosotros es eterno y no tiene límites. Él quiere y viene para capacitarnos para amar a otros en la misma manera.

Observa y escucha las palabras de Jesús en Juan 13: 12-15, *"Después de lavarles los pies, Jesús volvió a ponerse la ropa exterior, se sentó otra vez a la mesa y les dijo: ¿Entienden ustedes lo que les he hecho? Ustedes me llaman Maestro y Señor, y tienen razón, porque lo soy. Pues si yo, el Maestro y Señor, les he lavado a ustedes los pies, también ustedes deben lavarse los pies unos a otros. Yo les he dado un ejemplo, para que ustedes hagan lo mismo que yo les he hecho".*

Jesús quiere dejar claro Su mensaje cuando le dice a Sus discípulos: *"Les doy este mandamiento nuevo: Que se amen los unos a los otros. Así como yo los amo a ustedes, así deben amarse ustedes los unos a los otros. Si se aman los unos a los otros, todo el mundo se dará cuenta de que son discípulos míos".* Juan 13: 34-35.

Otro acto de amor que también debemos hacer es pedir perdón a la persona que nos ofendió, por nuestro modo de responder a sus ofensas, con palabras u obras incorrectamente. Por ejemplo, si alguien nos dice algo injusto e incorrecto y nuestra respuesta es una de enojo y palabras groseras, tienes que pedir perdón por tu modo incorrecto de reaccionar. Este acto de humildad, crea la oportunidad para que la persona que nos ofendió se arrepienta también por su modo de maltratarnos. Así la reconciliación puede ser posible.

Es importante mencionar que nuestros actos de amor no deben animar el vicio de la persona; por ejemplo, dar a un alcohólico una botella de vino pero debe ser actos de amor que puedan beneficiar a la persona sin apoyar sus vicios.

Otro punto que me ayuda cuando alguien me ha ofendido y/o irritado es preguntarle al Señor: ¿Señor, anteriormente, incluyendo en mi infancia, he experimentado una ofensa parecida o he respondido de manera similar a la misma ofensa? Si el Señor me revela alguna persona o situación, los necesito perdonar para eliminar la raíz de la irritación actual. El perdonar de corazón nos brinda libertad y vida.

Margarita: Creo que yo quería que el perdón fuera algo simple. Yo decía: "pues la ofensa ya ha pasado, ¿qué voy a hacer ahora? Voy a tratar de olvidarme de ello. Voy a vivir como si nada hubiera ocurrido." Quería que el perdón fuera algo simple que no tomara tiempo ni esfuerzo. Pero ahora veo que si una ofensa o irritación viene especialmente de una persona cercana a mí, necesito tomar más tiempo para repasar los siete pasos del perdón y bendición en el nombre de Jesucristo para recibir la vida nueva para el otro y para mí.

Ahora veo cómo este proceso me va a beneficiar al darme libertad y paz, mientras que ayuda a la otra persona.

Padre: Quiero explicarte otra cosa que puede enriquecer este proceso; tiene que ver con la presencia misericordiosa de nuestro Padre, entregándonos a Jesús, en Su Espíritu, a través de los Sacramentos. Los Sacramentos, establecidos por Jesús, te ayudarán a obtener una victoria aún mayor sobre los malos efectos que pueden causar las frustraciones y/u ofensas de otros en ti.

CAPÍTULO 6

El Poder de los Encuentros con Jesús a través de los Sacramentos

(Especialmente a través de los Sacramentos de la Reconciliación y la Eucaristía)

Padre: Margarita, antes de terminar el tema de perdonar a otros por sus ofensas o irritaciones, quiero explicarte la importancia de los Sacramentos en obtener la victoria sobre las frustraciones que otra gente nos provoca.

Margarita: Padre, ¿Puede explicarme qué significa la palabra 'Sacramento' y qué importancia tienen en mi vida con Jesús, en Su Cuerpo, la Iglesia, y en el proceso de perdonar de corazón?

Padre: Cabe aclarar que un Sacramento no es una cosa, sino un encuentro con Cristo Jesús que murió y resucitó para darnos vida en abundancia. La palabra "Sacramento" significa un signo sensible por lo cual Jesús, por la acción de Su Espíritu Santo, se hace presente para transmitirnos Su gracia a nosotros. Jesucristo mismo estableció estos Sacramentos para continuar Su presencia y obra salvífica en medio de Su Iglesia, después de Su ascensión al cielo.

En el catecismo de la Iglesia Católica (CIC), numeral 1146 leemos *"Signos del mundo de los hombres. En la vida humana, los signos y los símbolos ocupan un lugar importante. El hombre, siendo un ser a la vez corporal y espiritual, expresa y percibe las realidades espirituales a través de signos y de símbolos materiales. Como ser social, el hombre necesita signos y símbolos para comunicarse con los demás, mediante el lenguaje, gestos y acciones. Lo mismo sucede en su relación con Dios".*

Aquí hay un ejemplo que te ayudará a entender esto mejor. Había una mujer ciega y sorda. ¿Era posible comunicarse con ella? Ella tenía inteligencia y voluntad, la cual quería usar para comunicarse. La gente a su alrededor también tenía sus propios pensamientos que querían comunicarle. ¿Era posible? Sí, era posible por medio de otros sentidos, como el tacto. Esta mujer era Helen Keller. Ella y la gente en su ambiente aprendieron el idioma de comunicarse a través del tacto.

Necesitamos, como humanos, estar en comunicación con otras personas incluyendo a Dios, y ésta se da mediante signos externos comunicadores por uno de los cinco sentidos; de lo contrario no se da la comunicación. Cuando Jesucristo estuvo en medio de nosotros, era el Sacramento del Padre Celestial, en un sentido amplio, signo pasible del Padre comunicándose con nosotros de una manera humana para impartir gracias especiales a nosotros. Ahora, después de Su resurrección, Él está vivo y presente con nosotros en los sacramentos. Por consiguiente, estableció estos Sacramentos para continuar Su comunicación con nosotros en la forma humana comunicándonos Su presencia y Su gracia transformadora. Los sacramentos son signos sensibles mediante Él está en contacto personal con nosotros y nos da Su gracias especiales.

Estos y otros puntos más, están explicados en el Catecismo de la Iglesia Católica

1116 *"Los sacramentos, como 'fuerzas que brotan' del Cuerpo de Cristo* (lee Lc 5:17; 6:19; 8:46) *siempre vivo y vivificante, y como acciones del Espíritu Santo que actúa en su Cuerpo que es la Iglesia, son 'las obras maestras de Dios' la nueva y eterna Alianza".*

1123 *"Los sacramentos están ordenados a la santificación de los hombres, a la edificación del Cuerpo de Cristo y, en definitiva, a dar culto a Dios, pero, como signos, también tienen un fin instructivo. No sólo suponen la fe, también la fortalecen, la alimentan y la expresan con palabras y acciones; por eso se llaman sacramentos de la fe* (SC 59)".

1129 *"La Iglesia afirma que para los creyentes los sacramentos de la Nueva Alianza son necesarios para la salvación* (Concilio de Trento: DS 1604).

La 'gracia sacramental' es la gracia del Espíritu Santo dada por Cristo y propia de cada sacramento. El Espíritu cura y transforma a los que lo reciben conformándolos con el Hijo de Dios. El fruto de la vida sacramental consiste en que el Espíritu de adopción deifica (lee 2 Pedro 1: 4) a los fieles uniéndolos vitalmente al Hijo único, el Salvador.

Esta explicación no contiene toda la profundidad de un Sacramento, pero quizás pueda ayudarte a entender un poco más lo que es un Sacramento.

Cuando consideramos perdonar a personas en el Sacramento de la Reconciliación o Confesión, Jesús está presente para darnos Su gracia y Su fuerza cuando confesamos nuestros pecados con un corazón contrito incluyendo cuando hemos fallado de perdonar a los que nos han ofendido. En otras palabras, en el proceso de perdonar a otros necesitamos confesar la manera impropia con la que hemos manejado estas ofensas o irritaciones. Cuando nos humillamos y admitimos estos pecados y nos arrepentimos, Jesús extiende Su perdón de un modo humano por medio de las palabras de absolución proclamadas por el Obispo o el sacerdote.

Además, nos da Su gracia para experimentar una vida libre de la ofensa. También Él nos ayuda más fácilmente y plenamente en futuros momentos difíciles a reaccionar en un modo que nos da una vida plena. En otras palabras, a perdonar a otros más rápidamente cuando sentimos disgusto por una ofensa o una aparente ofensa. Además, en este Sacramento al dejar todo el mal de otros en Sus manos, Él nos libera de los malos efectos que hemos experimentado. Por esto, el Sacramento de la Reconciliación es una herramienta muy útil para el proceso de perdonar de corazón.

En el Sacramento de la Santa Eucaristía, Jesús está presente para seguir alimentando lo que Él hizo en el Sacramento de la Reconciliación. Si en el Sacramento de la Reconciliación he entregado con fe y corazón el mal que he hecho por ejemplo guardando el rencor o resentimiento o enojo expresado contra una persona que nos ofendió. Jesús nos perdona y nos asegura que Él tiene la victoria sobre el mal en mí como en el ofensor. En el Sacramento de la Eucaristía o Comunión, en la presencia física de Jesús, dejamos al Señor alimentarnos y sanarnos de nuestras heridas. También nos fortalece para perdonar más rápido en situaciones futuras. En la comunión podremos visualizar a la persona que me ofendió, de una manera nueva o como era antes de ofenderme. De esta manera, Jesús Eucarístico estará completando Su obra sanando nuestros corazones del mal que hemos experimentado. Al mismo tiempo Él está presente para asegurarnos que Él está realizando una transformación a nuestro ofensor.

Jesucristo espera, por medio de los Sacramentos, con palabra y obra, poder continuar Su misión de liberar a Su pueblo de todo mal y darle Su vida en abundancia.

Todo esto requiere fe en lo que Jesucristo estableció y dejó a Su Iglesia como instrumento de Su presencia salvadora, estableciendo, confirmando y renovando nuestra alianza con Él y con Su pueblo.

El Sacramento de la Reconciliación es un momento de encuentro con Jesús al confesar nuestras respuestas inapropiadas a Dios, llamado "perdonar a Dios" (capítulo 1) por los males que nosotros u otros realmente hemos hecho. El Señor está presente verdaderamente para sanar la manera en la cual hemos respondido incorrectamente, mientras nos da mayor fortaleza para responder mejor en el futuro. En la Eucaristía, Jesús está presente para continuar la obra transformadora y para desarrollar una unión más profunda con Él. En esta unión tenemos un entendimiento más claro de Dios y de Sus acciones en las distintas situaciones en nuestras vidas.

Margarita: Padre, entonces los Sacramentos son encuentros con Jesús vivo, él cual está en ellos. En el Sacramento de la Reconciliación, me puedo arrepentir, y Él me libera. Él está presente a través de Su Espíritu para continuar el proceso de restaurar lo que el mal ha causado en mí. En la Eucaristía, también Él está presente. Cuando recibo la Comunión, Él me fortalece con una fuerza especial para recibir una sanación aún más profunda de las heridas que he experimentado.

Padre: ¡Eso es Margarita! Necesitamos los Sacramentos de la Reconciliación y la Eucaristía. También necesitamos tomar un tiempo después de recibirlos para estar conscientes de lo que está pasando a través de cada uno de estos encuentros con los sacramentos con Jesús. En el Sacramento de la Reconciliación, Jesús nos libera de nuestros pecados y de los del ofensor.

Él también nos da Su gracia y Su fuerza para reaccionar de una manera que produzca más vida.

En la Eucaristía, mientras perdonamos las ofensas de otros, es bueno entregar todo lo que hemos estado haciendo en el proceso de perdonar a otro, para que Él pueda purificarnos a través de Su sacrificio. Después, tenemos que recibir más profundamente Su presencia sanadora como se explicó en los pasos 2 y 3 de la oración de perdonar a otros. Él también nos puede dar la sabiduría, de guiarnos y darnos la fuerza para demostrar Su amor al ofensor.

Margarita: Gracias, Padre, ahora sé mejor cómo estos sacramentos pueden ser de inmensa ayuda para tener un encuentro vivo con Jesús. Este encuentro me ayuda perdonar de corazón las ofensas y hasta las irritaciones de otros.

CAPÍTULO 7

Testimonios de Perdón y sus Efectos Beneficiosos

Testimonios

Padre: Hay muchos testimonios, Margarita, que puedo compartir a partir de la implementación de este proceso de perdón. Éstos son sólo unos pocos:

1.   Una mujer, que llamaremos Rosa (algunos datos han sido cambiados para no publicar la identidad de la persona), vino con una carga muy grande de estar oprimida en su trabajo por su jefe por quince años. Él la maltrataba en la forma que era muy mandante. Él le pedía hacer más de lo que era razonable por el tipo de trabajo que ella hacía. Él no le pagaba un salario justo por la clase de trabajo y entrenamiento que tenía. Después de escuchar su historia que estaba llena de sufrimientos de su jefe, yo recomendé que buscara otro trabajo en otro lugar. Ella me dijo que no tenía entrenamiento para ir a otro trabajo. Rosa tampoco ni siquiera podía considerar mudarse a otra ciudad porque su esposo tenía un buen trabajo y, junto con sus hijos, habían vivido en su casa actual por veinte años. El trabajo que ella estaba haciendo era algo que estaba especialmente entrenada y que ella disfrutaba hacer. El constante ataque de su jefe es lo que hacía su vida miserable.

Yo le sugerí que tratara de implementar el proceso de perdonar de corazón. También le expliqué que este proceso podía darle más paz interior sabiendo que la situación estaría en las manos de Jesús. Él podría sanar las heridas y participaría de la obra de Dios para transformar a su jefe empezando dentro de ella misma. Le expliqué cómo Jesús, cuando se le permite ser el Salvador de todo lo que está pasando, puede llevarla a Su paz mientras El continua trabajando en la transformación de su jefe.

Después de hablar conmigo con dudas acerca de la efectividad de este método, ella con la presencia del Espíritu Santo empezó a proclamar el perdón y la bendición con la visualización de esta persona sin su defecto, contemplándolo en su imaginación como un verdadero hijo de Dios. Rosa seguía diciéndome que sentía que la posibilidad de un cambio iba a ser difícil de creer. Le acordé que ella estaba juzgándolo, condenándolo, y que su incredulidad le decía a Dios que Él no tenía poder de transformar a su jefe. Le pedí de nuevo que implorara la presencia del Espíritu Santo para ayudarla a creer en esta transformación, la cual parecía imposible para ella.

Al cabo de una semana, Rosa regresó y me dijo que sentía una paz más profunda, aunque su jefe no pareciera cambiar. Le pedí que hiciera los primeros tres pasos del perdón al levantarse en la mañana para que cuando él llamara, sólo tuviese que hacer los últimos cuatro pasos interiormente mientras lo escuchaba por teléfono. Le expliqué que para lograr esto, le convendría tener la oración cerca del teléfono, para que cuando él llamara, en vez de responder con enojo y frustración, ella pudiera escucharlo mientras hacía los últimos cuatro pasos de la oración interiormente.

Después de unas semanas ella se me acercó con mucha alegría. Le pregunté qué había ocurrido. Me dijo que ella no podía creer la transformación que paso. Me explicó que su jefe la llamó, como era costumbre cada día, sin embargo, esta vez fue diferente; Él le pidió perdón por las veces que la había tratado mal y prometió darle un aumento justo de salario, que era incluso más de lo que Rosa se imaginaba. Desde entonces, él continúa tratándola con mucho respeto.

Después de haber hablado conmigo, ella tenía algunas dudas acerca de la efectividad de este método. Sin embargo ella empezó a proclamar el perdón y la bendición con la visualización de esta persona sin el defecto en cuestión, recreándolo en su imaginación como un verdadero hijo de Dios. Después de unos días tenía más paz, gracias a la presencia sanadora de Jesús. Pero lo que más le sorprendía era lo que había pasado con él.

Ella me dijo que a partir de esta experiencia, estaba planeando en el desarrollo de este proceso como una forma de vida para todas las situaciones ofensivas y/o situaciones molestas. En su situación yo miré cuán grande es nuestro Dios en lograr Su victoria en nuestros corazones e incluso llegar al ofensor.

Fue muy bueno escuchar el testimonio de Rosa; a mí también me ayudó. Yo sé que he experimentado libertad, dentro de mí en ocasiones irritables, aunque la otra persona no ha cambiado tan drásticamente como su jefe. Tengo una convicción más profunda de que, al practicar estos pasos, producirá un efecto mayor en mi como también en la otra persona.

2. Hace años me acuerdo de un hombre joven enfermo de cáncer, que voy a llamar Lucas. Él tenía más o menos veintitrés años. Los médicos no le dieron mucha esperanza con su cáncer. En este tiempo había una misionera que estaba trabajando con nosotros en la parroquia. Como la casa del muchacho estaba cerca, yo le pedí a la misionera, que fuera a visitarlo y orar con él lo más posible que se pudiera. En sus visitas ella descubrió heridas de su pasado que él tenía que perdonar. Con su ayuda, este hombre perdonó y bendijo a varias personas y situaciones en su vida. Con el perdón él empezó a sentir más paz interiormente. No lo creerán, en pocas semanas el doctor le dijo que estaba totalmente sano de cáncer. Él perdonó y bendijo en el nombre de Jesucristo a las personas en su pasado que lo habían ofendido y/o irritado. Luego él tomo tiempo para imaginar a todas estas personas siendo tocadas por Jesús sin los defectos, pero como él pensaba que tenían que ser. Esto permitió que Jesús no solo le diera más paz interior, sino que también para que lo sanara de cáncer.

Margarita, mi pregunta es: ¿Cuántas enfermedades posiblemente existen por la falta de "perdonar y bendecir" a los demás a través de la gracia de la muerte y resurrección de Jesús? El perdón sana, no tengo ninguna duda y no sólo a mí, sino sobre todo a los que nos han faltado de alguna manera. Aunque no note inmediatamente el cambio en el otro, debo estar convencido que en mí, se está llevando a cabo esta obra de sanación cuando le perdono y bendigo al ofensor en el nombre de Jesucristo.

3. Margarita, quiero presentar dos testimonios de Agnes Sanford que aparecen en su libro *Healing Light*. (Ésta es una traducción de paginas 54-55 de su libro escrito en inglés. Recalqué las cosas más relevantes). Ella describe el paso después de perdonar y bendecir, cuando visualiza lo que por fe está convencida de que está sucediendo.

*"Aprendí este método experimentando con mis propios hijos. Cuando uno de ellos llegaba triste y enojado, en vez de irrumpir con enojo, me calmaba y por fe, ponía en mi mente la imagen de él como si estuviera en su mejor momento. Y (al ser perdonado y bendecido) decía: 'Padre Celestial, ese es tu pequeño niño como tú quisieras que fuera; por favor envía tu Espíritu Santo a través de mí, ahora y hazlo ser así: feliz, pacífico y amable. Gracias, porque yo creo que Tú lo estás haciendo. Amén'. **Entonces me aferraba firmemente** a la imagen del niño feliz y de cara radiante que quería ver. Y en menos de un minuto, el niño cambiaba y lo que había visto en mi mente se hacía realidad."*

*"Ciertamente nosotros estamos hechos a Su imagen y semejanza. Él es antes que nada Creador y nosotros colaboramos con Él (en Su obra de recrear o transformar lo que Él hizo). **Mientras más practicamos el trabajo de la creación, más fácil y naturalmente trabajará Su poder en nosotros.** Después de unos cuantos meses de práctica, me di cuenta que mis oraciones podían influenciar a mis hijos casi como en 'control remoto', así me lo dijo un día mi hija. Si escuchaba voces de enojo en cualquier parte de la casa, sólo tenía que crear en mi mente la imagen de un niño en paz y proyectarla a la realidad por la confianza en la Palabra de Fe. Luego de un tiempo, se cumple la oración y no hay necesidad de pensar más en esto porque mis hijos viven en paz día tras día.*

'Bienaventurados los que trabajan por la paz', dijo el Maestro.

Trabaja por llevar la paz a otro, proyectando en esa persona el amor de Dios, el perdón verdadero, la remisión de los pecados y el cambio de la otra persona, de tal forma que el aspecto de la personalidad que nos ha molestado ya no esté presente. Si realmente lo intentáramos perdonar, encontraríamos que esto es así; las personas a veces cambian de una forma realmente extraordinaria." (pp.54-55).

Yo pienso que ella está diciendo que, así como nosotros, en el nombre de Jesucristo perdonamos y bendecimos con el Amor de Dios mientras mantenemos a esta persona transformada, dentro de nuestra imaginación, seríamos sorprendidos con los resultados dentro de nosotros y en el ofensor.

4. Margarita, otro testimonio de *Healing Light (pg. 55)*: *"Una vez le expliqué este método para cambiar a alguien mediante el amor de Dios a una madre inteligente y con mente abierta.*

'¿Qué puedo hacer con mi hija pequeña?' preguntó la madre. 'Ella es una niña muy extraña. Nunca sonríe, vive preocupada porque piensa que no es bonita y que la gente no la quiere. En realidad no es muy bonita y está muy delgada. Sin embargo, luciría más linda si sonriera. Lo peor es que no aparenta sentir afecto por mí o por nadie; piensa que yo no la quiero. Por supuesto que la quiero, pero, si, me desespera. ¿Qué puedo hacer?'

'Párese a su lado cuando ella duerma y ponga sus manos sobre ella,' le sugerí. 'Esto le dará a usted una conexión más afectuosa, como seguramente se dio cuando ella era bebé y usted podía calmarla con sus manos. Entonces dígase a sí misma: 'Por fe, veo a mi niña amorosa y feliz con su corazón abierto; la veo bien, como Dios la hizo y con el propósito que puso en su corazón. En el nombre de Jesucristo, declaro que así sea...'

'Yo no soy Cristiana,' dijo la madre con una franqueza admirable. 'Inténtelo de todas formas, le dije, 'esperando que mientras trabajaba en armonía con Dios, que es amor, Dios le ayudaría, le conociera o no. Hágase la imagen de la niña como usted desearía que fuera ella y diga con fe: 'Mi amor trajo a esta niña al mundo y por medio de mi amor maternal yo la vuelvo a crear de acuerdo con esta imagen Luego me retire con cierta incertidumbre.'

Un mes después, vi a esta señora en una reunión de la Asociación de Padres de Familia (PTA por sus siglas en inglés). Con su rostro iluminado me dijo: 'Funcionó, yo nunca había visto algo como esto en mi vida. La mañana siguiente, mi hija Susie vino a mi cama y me sonrió diciéndome: 'Buenos días mamá' y me besó. Desde entonces ella ha sido una niña diferente; es feliz, ha aumentado de peso, y está más bonita.'

No debí de haberme sorprendido de que funcionara. Dios siempre tiene una mente mucho más amplia que la mía. Han pasado dos años y los resultados de este experimento de oración han continuado creciendo; ambas, madre e hija, se convirtieron al cristianismo.

No hay cosa más alegre que el acto de amor que libera el perdón de Cristo hacia la persona que nos ofendió. El primer paso en el perdón es superar el resentimiento, que es, aprender a querer a alguien a quien uno no ha querido antes, debido a una ofensa de su parte. El segundo paso, el cual espontánea y naturalmente debería seguir al primero, es la recreación de la persona perdonada en mi interior mediante el amor. Habiendo perdonado a alguien, ya no le vemos sus faltas. En vez de eso, resaltamos sus virtudes, creando en nuestra mente, por fe, exactamente lo opuesto a las características de esta persona que nos han irritado y proyectándolas a la realidad. Estas características buenas y felices con frecuencia saldrán a la superficie y se manifestarán, como si hubieran estado allí todo el tiempo, esperando ese toque de amor que ahora cumplo.

Quiero añadir que esto no sucede siempre. La mente de algunas personas está tan cerrada que el amor pareciera estrellarse en vano. Aún en estos casos, el amor puede plantar una semilla en la mente de la persona perdonada. Nuestra esperanza debe permanecer en que esa semilla germine y dé fruto algún día, en algún lugar.

El que ora es como un jardinero cuando vierte en el prójimo el perdón de Dios, siempre ve surgir la vida en esa persona; como cuando una planta reseca vuelve a la vida al ser regada.

*Al experimentar esto, la fe aumenta. Por nuestra propia alegría y fe, entonces, practiquemos enviar el amor perdonador de Dios, no sólo a los que hemos aprendido a querer, a nuestros hijos que con frecuencia nos irritan y a la gente problemática a nuestro alrededor, sino también, hacia cualquier persona que lo necesite. **Si lo hacemos como un deber solemne, podría no funcionar. La oración requiere las alas de la alegría para volar. Si lo hacemos de manera feliz y espontánea, como si fuera un juego que disfrutamos, frecuentemente veremos que funciona ante nuestros ojos.**"*

5. Margarita, Josyp Terelya, en su libro "The Witness", (El Testigo), compartió este testimonio. Josyp estaba encarcelado en Siberia por causa de su fe en Cristo. Él se estaba muriendo del frio extremo en su celda. Josyp sufría agónicamente de hipotermia (frío extremo) y fue en esa situación que Nuestra Señora, la Virgen María, se le apareció. Él pensó que iba a cubrirlo con su manto y, en lugar de hacer eso, ella le pidió que perdonara a sus enemigos.

Su solicitud fue lo menos que él se hubiera imaginado que la Virgen María le pediría al aparecérsele. Lo único que le importaba en ese momento era cómo calentar su cuerpo. Sin embargo, ella lo que le dijo fue que perdonara para que la gracia de Dios se manifestara en él. Así lo hizo, perdonó a sus enemigos y a aquellos que estaban encarcelándole injustamente. Josyp sintió calor.

Para sorpresa de los guardias, quienes pensaban que moriría de frío, él se quitó la única ropa que le quedaba, una camiseta. El guardia llamó a los médicos, quienes esperaban encontrarlo muerto de hipotermia; al verlo, le preguntaron que si estaba practicando algún tipo de yoga. Les contó que la Virgen María se le había aparecido e invitado a perdonar a sus enemigos. María, nuestra madre, también quiere que perdonemos a los que nos ofenden para que su Hijo pueda liberarnos y sanarnos. La intercesión de María es poderosa en el proceso de perdonar a otros.

Margarita: Una vez más, gracias, Padre. Ahora sé la tremenda importancia y poder del perdón. Ya conozco más ampliamente que es perdonar de corazón. Lo que me ha enseñado planeo practicarlo cada día de mi vida. Usaré esta herramienta poderosa con la gracia de Dios. No tendré que llevar la carga de las ofensas o irritaciones de otros. A través del perdón ahora puedo vivir con nueva libertad y la vida nueva que Jesús me ofrece.

CAPÍTULO 8

Indicadores de Cuándo Perdonar

Margarita: Una cosa más Padre, ¿podríamos repasar algunas de los indicadores o señales que me mostraría cuando necesito perdonar? Usted me ha dado algunas, tales como el sentir irritación o molestia por algo que alguien ha dicho o hecho. Otra es cuando alguien me ha ofendido, aunque yo no sienta enojo, necesito perdonar. Y lo obvio, es cuando estoy enojada o siento resentimiento en contra de la persona, esto también necesita mi perdón. También mencionó que si otras personas pecaron conmigo, debo perdonar a esas personas aunque ya yo me haya arrepentido de mi parte, mi pecado.

¿Hay otras maneras de ser consciente de la necesidad de perdonar?

Padre: Te daré una lista para que te sirva de guía que incluye lo que tú mencionaste y otros. Espero que la encuentres útil para reconocer muchas ocasiones cuando el perdón es necesario.

SIENTO:

- Enojo

- Odio

- Coraje

- Resentimiento

- Venganza

- Irritación

- Disgusto

- Frustración

- Ansiedad

- Desánimo

- Tristeza por lo que alguien me ha dicho o ha hecho o alguna situación

- Que no sirvo para nada, debido a lo que alguien me ha dicho

- Herido...

HACIA:

- Situaciones

- Personas

CUANDO (yo estoy):

- Criticando a otros

- Quejándome de alguien, ya sea en mi interior o con otras personas

- Chismeando/juzgando/condenando

CUANDO:

- Pienso que alguien no me quiere o me está deseando algún mal

- Quiero ver cambios en otros (ej.: Para que un miembro de la familia tenga una vida de fe viva

- Tengo padres que no se amaron

- Tengo padres que no estuvieron presentes (o muy poco)

- Me han insultado o abusado

- Otra persona ha participado en el pecado que he cometido

- Sospecho que alguien está haciendo o ha hecho algo en mi contra

- Sé de alguien que está distante del Señor y necesita regresar a Él y a su Iglesia

- Tengo padres que están divorciados/ separados

Margarita, esta lista te dan algunas ideas con respecto a cuándo debes estar consciente de la necesidad de perdonar. Creo que he explicado la mayoría de éstos.

El perdón te hará libre y te capacitará a participar con Jesús en traer Su misericordia más plenamente a ti y al ofensor. Hay, sin embargo, casos donde las personas sospechan que otros les han hecho daño o no son de su agrado por alguna razón. Aun cuando haya sospechas de que alguien te está deseando mal o no le caes bien, el perdón te libera y permite a Dios trabajar mejor en esa persona.

He conocido a personas que han dicho que piensan que alguien los maldijo. Perdonando a esa persona, le permiten a Dios liberarles de la ansiedad o preocupación simultáneamente ya que Él rompe la maldad de la persona. Perdonando y bendiciendo en el nombre de Jesús, yo participo en el Señor rompiendo el mal en y de esa persona. Estoy trabajando entonces con Jesús, que en Su misericordia, está permitiendo a él/ella a que cambie de ser un instrumento del mal a un instrumento de vida y de felicidad.

También conozco a algunas personas que sospechan que alguien está planeando hacer algo injusto o quieren hacer algo malo. De nuevo, el perdón te libera de la ansiedad que esto conlleva y permite a Jesús trabajar más plenamente en la transformación de esa(s) persona(s).

Otra situación en la cual se necesita perdonar es cuando una persona se siente irritada, pero nadie tiene la culpa. Por ejemplo, cuando era un niño de catorce meses, mi mamá tuvo que ir al hospital para dar a luz a mi hermano. Me dijeron que yo estaba muy molesto y que lloré sin consuelo mientras ella no estaba, hasta que me dormí, lo más seguro al estar ya fatigado. Ni ella tuvo la culpa ni yo. Ella sólo hizo lo que tenía que hacer. De cualquier modo, actué en tal manera que se notó mi disgusto, enojo, o quizás ira. Cuando perdoné a mi mamá por lo que había sucedido, recibí más paz y libertad interior. Lo que perdone fue la situación con mi percepción de un bebe en cuanto a lo que pensé que era culpa de mi madre. Después de hacer esto tuve una nueva forma de percibir a mi madre. También respondí de una mejor manera hacia ella.

Otro momento en el cual tengo que perdonar de corazón es cuando, por ejemplo, se me vacía una llanta en camino al trabajo. En este caso, perdonar el suceso te da una mayor paz para poder lidiar con la situación.

Muchas personas se me acercan para expresar preocupación por su hijo(a) o algún otro miembro de la familia que está dejando a Dios fuera de su vida y todo lo que tenga que ver con Él. Esta situación, al igual que otras similares, indica que es necesario el proceso de perdonar de corazón.

Otro comentario; si yo crítico una situación, o persona, tengo otra señal de que hay necesidad de perdonar de corazón, ya sea a la(s) persona(s) involucrada(s) o la forma en que las cosas se desarrollaron, las cuales quizás no estén relacionadas con ninguna persona en particular.

Algunos me han dicho que tal o cual persona no merece perdón. Yo pienso que el Señor dice: "puede que eso sea cierto, pero cuando perdonas puedes ser liberado de la mala manera de actuar de otros. Tú necesitas dejar que Yo sea el Salvador en lo que está pasando y no tú." Si piensas que El desea algo de ti aun después que has perdonado, entonces necesitas hacer lo que Él te pide y confiar en que Él está trabajando en la situación. Es de gran ayuda recordar que así como aquellas personas que pensamos que no merecen perdón, no son mejores que nosotros que tampoco merecemos el perdón de nuestros pecados. Pero el Señor en Su misericordia nos perdona. Consecuentemente, Él nos llama hacer misericordioso así como Él ha sido con nosotros.

Margarita: Esta información me ayuda. Ahora me doy cuenta lo importante de perdonar; y cuan libre y llena de vida podría ser si perdonara de corazón en el nombre de Jesús. Deseo que Él sea mi Salvador. Ahora veo que he estado siendo mi propia salvadora en vez de dejar a Jesús serlo. Quiero aprender a entregar todas mis heridas y malas situaciones a Jesús para así tener una vida en abundancia y experimentar Su victoria en mí y por mí a otros.

También me doy cuenta que necesito seguir dándole gracias a Jesús después de haber perdonado. Al hacer esto estoy expresando mi fe (creyéndole) que Él está sanando el efecto nocivo dentro de mí y está trabajando en la otra persona aunque yo no lo sienta ni vea cambios inmediatamente en la persona. Necesito Su gracia para creerlo. Tengo la tendencia de dejar que mis sentimientos me digan que nada está pasando o que no puedo quedar libre del malestar que siento o tengo.

Padre: Margarita, noto que estás entendiendo más claramente el poder del perdón y bendición en el nombre de Jesucristo. Esto ocurre cuando el perdonar de corazón es practicado hacia las personas y/o situaciones ofensivas y/o irritantes diariamente.

Ahora, habiendo estudiado el proceso de siete pasos de cómo perdonar de corazón, te presento todo el proceso en forma de oración. Sabiendo mejor lo que es perdonar, ruego que estos pasos juntos te ayuden a dejar que el poder sanador y vivificador del perdón de corazón, impacten tu vida, llenándote a ti y a otros con la libertad y riqueza de vida que Jesús nos viene a dar.

Capítulo 9

La Oración para Perdonar de Corazón

(El proceso completo de perdonar de corazón resumido en una oración)

Perdonar, en pocas palabras es, en comunión con la poderosa acción del Espíritu Santo, 1) estar consciente de una ofensa o irritación, 2) entregarla conscientemente a Jesucristo en Su cruz y 3) recibir por fe Su victoria para ti, la persona ofendida, y para el/los ofensor(es) seguido de, como respuesta, actos de amor sinceros y genuinos.

Para realizar éstos tres aspectos, hay siete pasos para ayudarte a perdonar de corazón. Tomando tiempo y orando todos los siete pasos es muy valeroso especialmente cuando la ofensa o irritación es más profunda o grave. Hay ocasiones cuando la ofensa es menos grave o seria, los pasos uno, cuatro y cinco pueden ser suficientes.

Preparación para perdonar de corazón

1. Pedir la presencia del Espíritu Santo

Dios, mi Padre, lléname con Tu Espíritu Santo para que yo pueda perdonar a los demás. Ven Espíritu Santo por la poderosa intercesión del Inmaculado Corazón de María.

Recibo Tu Espíritu Santo imaginando Tu presencia como si fuera una luz que va llenando un cuarto oscuro. Gracias, Padre celestial, por fortalecerme con Tu presencia para ser mi guía y apoyo. (Toma un poco de tiempo para estar consciente de recibir esta presencia del Espíritu Santo.)

2. Hacerte consciente del amor de Dios hacia ti y hacia los otros, quienes te

han ofendido o irritado.

Padre, eres maravilloso. Mandaste a Tu Hijo, Jesucristo, para mostrarnos Tu misericordia. Te alabo por este amor al enviarnos a Tu hijo como hombre, para vivir como uno de nosotros, para enseñarnos, morir por nuestros pecados, resucitar para darnos una vida nueva y enviarnos Tu Espíritu Santo. Ayúdame a estar consciente de este amor.

En el silencio de tu corazón, teniendo en la mano tu imagen favorita sagrada del amor de Dios (como por ejemplo un crucifijo) contémplala para recibir **el amor de Dios por ti**, y repite tu nombre y proclama un texto bíblico que hable del amor de Dios como por ejemplo: " *Te he amado con un amor eterno y...* (Tu nombre) *por eso soy constante en mi afecto por ti"* (Jeremías 31:3). (Detente aquí y toma tiempo para recibir esto hasta que la frase resuene profundamente en ti y luego agradece al Señor por este amor.)

Te agradezco Señor por Tu presencia amorosa aquí conmigo para ayudarme a perdonar las ofensas o irritaciones de... (Menciona aquí el(los) nombre(s) de la(s) persona(s) o situación(es)) **Gracias porque quieres salvarnos a cada uno de nosotros de todo pecado y de todos sus malos efectos.**

3. Recibe la misericordia de Dios para ti:

Padre Celestial, ayúdame a ver mis propios pecados pasados y a recordar Tu misericordia para conmigo. (Toma un momento para recordar tus pecados pasados y las veces que Él te ha perdonado para darle gracias por Su perdón, y Su infinita misericordia. También piensa si tienes otros pecados por los cuales no has pedido perdón, y por la forma que has guardado y respondido mal o agresivamente al ofensor, o en cualquier manera que has pecado también en un modo semejante como el/los ofensor(es). Ya que tenemos que ser honestos ante Él con los pecados que hemos cometido, aprovechemos este momento para confesarlos y pedir perdón orando:) **Jesús, perdóname, por favor y lávame con Tu Preciosa Sangre que derramaste para salvarme de todo pecado y de la inclinación al mal.** (Toma tiempo para tener la convicción de Su perdón hacia ti. Imagínate en la luz purificadora de Su misericordia. Deja que el Señor toque tu corazón con el perdón, Su misericordia y recuerda la importancia y victoria que viene cuando confiesas tus pecados por el encuentro personal con Jesucristo en el Sacramento de Reconciliación. Utiliza este Sacramento en este proceso de perdonar de corazón.)

4. La oración para el proceso de Perdonar de corazón

Perdona y bendice en el nombre de Jesús

Visualízate con Jesús crucificado en el calvario junto con Su madre María a su lado. Aquí es donde el pecado, la muerte y el reino de la oscuridad fueron conquistados.

Es mejor expresar la misericordia de Dios hacia una persona o situación a la vez, excepto si varias personas son parte de la misma ofensa, como lo explique anteriormente.

Padre Celestial, envuelve a esta persona(s) o situación(es) con la luz de Tu presencia y de Tu amor. Padre Te agradezco por Tu infinita misericordia por él/ella/ellos.

A continuación visualiza a la persona con la luz de Cristo y dile: **Con el poder del Espíritu Santo y en el nombre de nuestro Señor Jesucristo crucificado, yo te perdono por** _____ (toma tiempo para mencionar la ofensa o falta trayéndolo a tu mente en el momento que ocurrió y se consciente de los sentimientos que ocasionaron). **Doy gracias porque has sido perdonado(a) por Jesús. Amen.**

En el nombre de nuestro Señor Jesucristo crucificado, te bendigo con (menciona lo que tú piensas que esta persona o situación necesitaba para ser mejor). **Doy gracias porque has sido bendecido(a) ahora por el Señor. Amén.**

Proclamando que esto está hecho y diciendo "Amén" afirmo que he hecho lo que Cristo me pidió y estoy expresando mi fe que Él está continuando Su obra de salvación en mí, el ofendido, y Él está manifestando Su gracia de salvación dentro del ofensor.

5. Recibe el perdón visualizando a Jesús resucitado y victorioso sobre todos

los males tocándolos a ustedes dos con Su mano sanadora:

Pidiendo la ayuda del Espíritu Santo visualiza a la persona tal como te la imaginas sin el defecto en cuestión. Toma tiempo visualizando a la(s) persona(s) perdonada(s) y bendecida(s) y después ora: **Padre Santo, esta es...** (Nombre de la persona o de la situación), **tal como me la imagino después de haber sido perdonada y bendecida por Jesús. Ahora envía Tu Espíritu Santo por medio de mí y haz de...** (El nombre de la persona) **una nueva creación tuya, llena de Tu alegría y de Tu paz.**

Padre Celestial, cura en mí también toda herida causada por la ofensa o irritación. Te doy gracias porque sé, por mi fe, que estás sanándome y llevando a cabo esta victoria en mí por medio de Jesucristo, Tu Hijo y nuestro Señor. Toma todo el tiempo que necesitas para darte cuenta de que todo esto está pasando por medio del poder de la cruz de Jesucristo y dale gracias a Jesús por la sanación de tu reacción emocional interiormente y/o exteriormente.

6. Recibe la victoria expresando gratitud después de la oración:

Sigue dando **gracias** al Padre hasta notar, o al menos tener una convicción de cambios en ti mismo y en la otra persona. Si sucede una nueva ofensa o irritación, repite la oración una vez más desde el inicio.

7. Expresa más amor hacia la persona o situación:

Dios Padre, muéstrame ahora lo que quieres que yo haga para expresar de otra manera Tu amor para con esta persona o situación por medio de algún servicio o palabras, incluyendo frases de corrección si lo necesita, pero con una actitud de amor. Con estos actos de amor en palabra y/o en acción como resultado de yo haber perdonado de corazón, estoy convencido que Tu estas destruyendo el mal para llevar acabo Tu victoria de gracia en él/ella. Gracias. Amén.

Conclusión

Convencido de lo que Jesús quiere de ti y con Su gracia, practica el perdón de las ofensas y/o irritaciones de otros <u>diariamente</u>. Esta práctica te dará una mayor paz interior y armonía porque en el proceso del perdón el ofensor es transformado, primero y ante de todo, dentro de ti. Esto también permite que el Señor te use para ayudar al ofensor para convertirse en una persona mejor.

Por lo tanto, lo mejor es seguir bendiciendo a la persona después de haberla perdonado con lo que tú piensas, en el momento de la ofensa, necesitaba para que fuera una mejor persona, y al mismo tiempo agradece al Señor por su obra de salvación que Él está haciendo en ella. También continúa mostrando amor en pensamientos, palabras y/o acciones, para que el ofensor se convierta en una persona que responde más fielmente al Señor.

Mi bendición: Que el conocimiento y la práctica diaria de este proceso del perdón les traiga la paz de Dios *"Pongan en práctica todo lo que han aprendido, recibido y oído de mí, todo lo que me han visto hacer, y el Dios de la paz estará con ustedes." –Fil 4:9.* Que también, con el favor de Dios y por los méritos de la muerte y resurrección de Jesucristo y por medio de la presencia y poder del Espíritu Santo experimenten más felicidad y paz en vez de pesadumbres y frustraciones. ¡Que el Padre Celestial, a través de Jesucristo, Su Hijo y Señor nuestro, y el Espíritu Santo los bendiga abundantemente en el nombre del Padre y del Hijo y del Espíritu Santo y les dé Su paz! También que nuestra misericordiosa Madre María les siga acompañando e intercediendo por ustedes para que vivan más plenamente en la victoria de Cristo Jesús. Amen.

P. Francis A. Frankovich, CC

Sobre el Autor

El Padre Frankovich nació en Barstow, California en el año 1942, y sus padres fueron Eleanor y Albert Frankovich. Es el mayor de dos hijos. Entró al seminario "San Francisco de Sales" en el 1960, el cual estaba localizado en el campo de la Universidad de San Diego. Fue ordenado al sacerdocio el 31 de mayo del 1968 en la Diócesis de San Diego, California, del Seminario del Inmaculado Corazón. Sirvió en varias parroquias de la Diócesis de San Diego por 10 años, y después de ésta ser dividida, sirvió en la Diócesis de San Bernandino por 11 años, incluyendo dos años de servicio en la Casa Diocesana Serra en Riverside. Durante su sacerdocio, tomó cursos para una Maestría de Teología en la Universidad Franciscana en Steubenville, Ohio. También con los Compañeros de la Cruz estudió en la Universidad de Creighton en Omaha, Nebraska, para un certificado de Dirección Espiritual mientras ayudaba al Instituto para la Formación Sacerdotal (IPF en inglés). En el 1989, con el permiso de su Obispo, se unió a los Compañeros de la Cruz. Como Compañero de la Cruz sirvió seis años de párroco en Santa María en Ottawa, Canadá y tres años en la formación de seminaristas, antes de ser transferido a Houston, Texas como director del Centro Católico Carismático (CCC). Después de seis años como director, fue asignado a continuar su labor en el CCC, enfocándose en las áreas de evangelización y formación del ministerio Hispano.

El Padre Francis ha sido invitado y aceptado como partícipe en misiones evangelistas en México, El Salvador, Honduras, Panamá, Colombia, Perú y la República Dominicana. En una de las visitas a Colombia, le pidieron que escribiera un libro. Después de un tiempo de oración, tenía la convicción que el Señor quiso que escribiera acerca del perdón. Luchando con este tema en su propia vida, vio la tremenda necesidad para entender y practicar el perdón de una manera clara y práctica que diera fruto. Así fue que escribió este libro en español. Se publicó el libro Cómo Perdonar de Corazón y después el libro en inglés Forgiving from the Heart y ahora este libro con revisiones

Perdonando de Corazón.

Que este pequeño libro sea una fuente de dirección para un camino a una mayor libertad y a una vida abundante en Cristo Jesús.

¡CONECTE CON LOS COMPAÑEROS DE LA CRUZ EN LINEA!

companionscross.org | Descubre la espiritualidad, hermandad y misión de los Compañeros de la Cruz y cómo puedes participar

vocations.companionscross.org |Explora la vocación al sacerdocio con los Compañeros de la Cruz

thenewevangelist.com | Sé inspirado y equipado para la Nueva Evangelización a través de videos, blogs, podcasts, artículos y cursos de formación

AÑADENOS EN FACEBOOK

COMPAÑEROS DE LA CRUZ: facebook.com/companionsofthecross
EL NUEVO EVANGELISTA: facebook.com/thenewevangelist

SÍGUENOS EN TWITTER

COMPAÑEROS DE LA CRUZ: twitter.com/CompanionsCross
EL NUEVO EVANGELISTA: twitter.com/New_Evangelist

SUSCBRIBETE A NUESTRO CANAL DE YOUTUBE

youtube.com/user/CompanionsCross

COMPAÑEROS DE LA CRUZ

Somos una comunidad de sacerdotes Católicos Romanos comprometidos a vivir y trabajar juntos como hermanos en el Señor. Dios nos ha llamado a trabajar valientemente en la renovación de la Iglesia a través de una evangelización dinámica, centrada en la crucifixión de Cristo, que es el poder y la sabiduría de Dios. Movidos por el amor de Dios, deseamos que todas las personas entren en la plenitud de la vida a través de un primer encuentro personal y continuo con Cristo Jesús.

Espiritualidad

AMOR POR CRISTO CRUCIFICADO, UNA ESPIRITUALIDAD DEL PODER Y SABIDURÍA DE DIOS.

La muerte de Jesús en la cruz y Su resurrección redimieron al mundo. Entonces, nos comprometemos completamente a Él: buscamos Su voluntad en todo lo que hacemos y confiamos en Su poder para lograrlo.

"Nosotros proclamamos a un Mesías Crucificado... es fuerza de Dios y sabiduría de Dios." (1 Cor. 1:23-34)

Somos:

• Hombres de la Eucaristía
• Guiados y apoderados por el Espíritu Santo
• Verdaderamente devotos a María
• Fieles al Magisterio

Hermandad

AMOR MUTUO, UNA VIDA DE HERMANDAD SINCERA

Nos basamos en el modelo de Jesús y Sus discípulos, quienes vivían juntos, trabajaban juntos, y se apoyaban mutuamente.

Misión

AMOR POR LA IGLESIA, UNA MISIÓN DE EVANGELIZACIÓN Y RENOVACIÓN

Invitamos a todos a un primer encuentro personal y continuo con Jesús. Mientras vamos siendo transformados por Su amor, logramos traer una auténtica renovación en la Iglesia y en el mundo.

 **Companions of the Cross**

199 Bayswater Avenue, Ottawa, ON Canada K1Y 2G5 | 1.866.885.8824

1949 Cullen Blvd, Houston, TX USA 77087-3553 | 1.866.724.6073

WWW.COMPANIONSCROSS.ORG

Made in the USA
Columbia, SC
13 October 2022